国際社会保障論

岡 伸一 著

学文社

はじめに

　欧州の大学では，法学部に「国際社会保障法」「欧州社会保障法」という講義が開講されていたことを覚えている．法律論だけでなく，「国際社会保障論」なる講義を構築したいと長年希望してきた．属地主義の強い国内的な社会保障論にあって，グローバルな学問としてこれまでの内容とはまったく違った学問体系を創造したいと考えてきた．

　「国際社会保障論」という講義は日本では見たことがなかったが，東洋英和女学院大学に続き明治学院大学でも開設されることになった．他方，「国際社会福祉論」と題した書物は最近比較的多く刊行されてきたし，福祉系の学部や学科では講義として開設されているのが一般的である．「国際社会保障論」は，日本ではその中身も含めてまったく新しい領域であると思われる．本書はその意味では大いなる試みである．

　本書はその新たな学問領域を深めた専門書ではなく，基本的な骨組みを構成しただけの言わば入門書である．今後，本書を叩き台として，「国際社会保障論」を育てて発展させていきたいと考えている．差し当たり，各章の内容をそれぞれ一冊の本になるように深めて行くことが次の作業となる．

　当初は講義テキストとして本書に着手したのだが，著者としてはそれ以上の意味を本書に託している．まず，一般読者に対する啓発の書として，社会保障の新しい展開を国際的な視点から紹介することである．普段，社会保障の書物の多くが国内の制度改革の是非に議論が集中しており，国民の関心もこれに集中している．外国の情報は，他人事のような感覚で扱われることが多いように思われる．

　本書は外国のことと日本のことを結びつけることが主題である．外国の社会保障の研究は日本では比較的活発のように思えるが，概して各国別で進められ

ている．各国の専門家がその専門領域を紹介するのがほとんどである．各国間の関係に焦点を当てた書物は極めて少ない．本書において，諸外国の社会保障と日本の社会保障の調整を考えることで，外国の事例と日本の事例が結びつけられるのである．

さらに，専門書としても，未開拓であった国際社会保障論の領域を確固としたい野心も合わせ持っている．社会保障論の小さな一分野として扱われることの多かった国際社会保障を，より重要な領域として学会でも認知してもらおうとアピールしたい．

社会保障も国内では完結しない時代になっている．本書は社会保障の行政や実務に携わっている方々にも是非御購読していただきたい．日独年金協定をはじめ我が国の社会保障も国際的な潮流に巻き込まれている．単に理論書としてではなく，実務の前提として行政官や実務家の皆さんにも本書が提示する新しい視点に目を向けていただきたい．

拙い書物ではあるが，本書は著者にとっては一つの区切りを意味する．これまでの研究の集大成ではないが，これからの研究への出発点を確認したものである．ここまでの道のりで御世話になった，早稲田大学の指導教授故佐口卓先生をはじめ，永山武夫先生，故氏原正治郎先生，藤田至高先生，小林謙一先生，ルーヴァンカトリック大学のヴァン・ランゲンドンク教授，そのほか多くの方に改めて感謝したい．

最後に，本書の出版に際しては，明治学院大学の2004年度学術出版助成を受けることになった．商業ベースに馴染まない本書が日の目を見たのも，この助成のお陰である．ここに明治学院大学関係各位の御理解に深く感謝の意を表したい．また，前二著と同様に出版を快くお引き受け頂いた学文社の田中千津子社長にも，改めて感謝申し上げたい．

2004年晩秋

明治学院大学白金キャンパスにて

岡　伸一

目　次

はじめに ……………………………………………………………………… i
序 ……………………………………………………………………………… 1

第1部　国際社会保障論の基本構造

第1章　社会保障国際化の社会的背景 ………… 4
1．経済のグローバル化 ……………… 4
2．労働者の国際移動 ………………… 8
3．社会保障の国際化 ………………… 12

第2章　国際社会保障の概念 ………………… 14
1．社会保障の概念 …………………… 14
2．社会保障の類似制度 ……………… 19
3．国際社会保障の視点 ……………… 24
4．国際社会保障の概念 ……………… 27

第3章　国際社会保障の歴史 ………………… 30
1．社会保障の歴史 …………………… 30
2．国際社会保障の歴史 ……………… 34

第4章　社会保障の国際比較 ………………… 42
1．国際比較の前提条件 ……………… 42
2．国際比較の諸問題 ………………… 46
3．社会保障制度の国際比較の方法 … 48

第5章　社会保障の国際モデル ……………… 58
1．社会保障の二大モデル …………… 58
2．社会保障制度の地域類型 ………… 61
3．福祉国家の類型論 ………………… 68

第6章　国際化に伴う社会保障の問題 ……… 72
1．一般的な問題 ……………………… 72
2．制度別の問題 ……………………… 76

第2部　国際社会保障政策

第7章　社会保障の国際関係 …………… 84
1．国内法における国際社会保障法 ………… 84
2．二国間・多国間協定 ……………… 87
3．国際機関による国際社会保障法 ………… 89

第8章　国際社会福祉 ……………… 93
1．基本構造 ……………… 94
2．各国政府の国際支援 ……………… 98
3．公的国際機関による国際社会福祉 ……… 102
4．NGOによる国際社会福祉 ……………… 107
5．国際協力と国際社会福祉 ……………… 110

第9章　ILOの社会保障政策 …………… 113
1．ILOの基本構造 ……………… 113
2．ILOの活動内容 ……………… 116
3．ILOの政策転換 ……………… 120
4．ILO社会保障政策の限界 ……………… 124
5．ILOの新たな課題と展望 ……………… 127

第10章　EUの社会保障政策 …………… 143
1．EUの基本構造 ……………… 143
2．社会保障政策の概要 ……………… 146
3．「整合化」の具体的な運用 ……………… 154
4．EUにおける社会福祉政策 ……………… 158
5．EUの新たな社会保障政策 ……………… 162

第11章　世界単位での社会保障 …………… 166
1．南北問題と社会保障 ……………… 166
2．社会保障の世界的な普及 ……………… 169
3．社会保障が導入されない理由 ……………… 171
4．発展途上国への貢献 ……………… 173
5．世界経済への貢献 ……………… 174

第12章　総括と展望 ……………… 177
1．総括：国際社会保障論の必要性 ………… 177
2．国際社会保障の展望 ……………… 184

関連初出論文	193
参考文献	197

序

国際化が遅れた理由

「国際化」「グローバリゼーション」が，いろいろな領域において叫ばれて久しくなる．「何故，今ごろ」と思われるかもしれない．だが，社会保障の領域においては，「今こそ，国際化」なのである．というのは，社会保障という領域がこれまで非常に国内的であったことの裏返しである．この理由について，若干考察してみたい．

まず，第一に明らかにしておきたいことは，社会保障は歴史的に非常に新しい制度であることである．多くの国々で，社会保障は第二次世界大戦後になって，現在のような体系となった．つまり，まだ，制度が導入されて半世紀余りしか経っていない．たとえば，年金制度においては，制度施行開始から軌道にのるまで（成熟化するまで）約30年間を要するといわれている．

第二に触れたいのは，社会保障の保守的な基本性格である．社会保障とは一国全体を通じての富の再分配を意味し，合意形成には非常に時間と労力がかかる．行政の仕事も非常に重くなり，官僚制も形成され，新たな動きに対して保守的となりやすい．国際化に限らず，新しい環境に対しては反応が非常に遅くならざるをえない．

第三は社会保障自体の国内的な性格である．本来，社会保障は国民を適用対象としてきた．憲法が国民の最低生活の保障を明言し，具体的には生活保護による国民の貧困救済を行っている．そこでは，外国人については，あまり多くの事が考えられていなかった．今日のような国際交流の活発化を想定していなかった．また，社会保障の具体的な制度は，各国に固有な社会問題を解決するために形成されてきたものであり，各国とも国によって制度の内容が異なる．国際的な対応は，実際にかなり困難なのである．

第四に，国際化が進展しやすいのは経済的な側面であるが，社会保障は最も国際化しにくい社会的側面の核心部分を構成する．このことはEUの事例においても証明されている．資本主義社会においては，利益さえ上がれば資本はどこの国にでも侵入していく．資本が動けば，財やサービスや労働者も移動せざるを得ない．これに対して，教育や文化，社会保障等の領域は，最も国民のアイデンティティーが誇示されやすいところである．

　以上のような理由から，社会保障は国際化の最も遅れた領域の一つであった．つまり，社会保障制度が持つ基本的な特性のために，国際化が遅れてきたのである．だが，だからと言って，将来に渡ってもこのままで良いというわけではない．遅れ馳せながら，社会保障の領域においても，国際化が時代の流れとなってきた．

　労働者に限らず，人の国際的な移動が益々活発になってきている．繁栄する先進国があれば，他方で飢餓に苦しむ国も多い．地球規模で見れば，世界には，まだおびただしい貧困と不平等が存在する．この大きな問題を地球規模でなんとか解消していく糸口が模索されている．その一つの試みが国際社会福祉論であり，また，国際社会保障論であると言えよう．

第1部
国際社会保障論の基本構造

　「国際社会保障論」は日本ではまったく新しい学問領域であるため，本書もその基本的な意義や基本構造の話から始めたい．第1部では，まず「国際社会保障論」創設の歴史的経緯，社会的背景，定義，概念，その意義等について，基本的な認識を明らかに示したい．

　さらに，第1部では，これまで行われてきた社会保障の国際比較研究を筆者なりに総括してみたい．国際比較の前提条件から，地理的な国際比較，社会保障の二つの理論モデル，そして，国際化に直面しての制度的な諸問題等について，順次紹介していきたい．

第1章 社会保障国際化の社会的背景

　国内的な性格の強かった社会保障が，何故，今になって国際化をせまられるようになったのか．その社会的背景をここで明らかにしていこう．このことが，「国際社会保障論」への導入を意味することになる．

1 │ 経済のグローバル化

　古代の時代から民族が移動する事実があった．遠い地域の産物を運んだ交易活動も確認されている．経済は，いち早く国境を越えグローバル化した．特に産業革命以降，生産力の飛躍的な発展は国際貿易の必要性を増した．原料の調達と商品の市場開拓の両方の側面から国際化していった．資本は国境を越え，財やサービスも国境を越えて国際化していった．そして最後に，労働者もいよいよ国境を越えて自由に移動する時代になってきた．

資本は国境を越えて

　経済学の最初の教えであるが，利潤を追求する宿命のある資本は国境など障害ともせず外国に進出していく．国内で低い配当に甘んじるよりは，国外の高い配当に資本は移動していく．もちろん，そこではリスクが考慮されるが，ハイリスクでもハイリターンが期待できれば，資本は遠慮なく流出していく．
　20世紀は，生産力が急激に拡大した．20世紀はじめに，大量生産方式がアメリカで登場してから，世界中がこれに追従した．第二次世界大戦後は，経済成長も著しく，生産が格段に拡大され，社会が豊かになった．先進諸国に蓄積された膨大な資金は，世界を駆け巡っていった．

国際的な流通革命を経て，先進諸国の国内消費市場と世界的な生産が結び付けられていった．食料一つをとっても，世界中の食品が食卓に並ぶような時代になった．逆に，先進諸国の工業商品も，世界中を市場として販売されるようになっている．資本に次いで，財やサービスも国境を越えて海外へ進出するようになった．

企業の多国籍化

　企業の国際化も，かなり早くから進展した．第二次世界大戦後の世界経済の発展過程は，同時に各国企業の国際化の過程でもあった．日本企業を見ても象徴的であろう．世界の市場に向けて，各国の農産物や工業製品は急速に海外進出していった．モノの国際的な移動を追いかけて，企業組織も次第に海外に進出していかざるをえなくなっていった．そして，企業の多国籍化や海外進出を契機に，今度は労働者も次第に海外に派遣されていった．

　企業が海外に進出していく理由がある．販売拠点やサービスセンターをつくる理由はかなり以前から存在していた．日本の自動車の事例を取ればわかるであろう．商品の販路拡大のために必要不可欠の戦略である．だが，これだけの理由では大量の労働者の在外勤務には至らないであろう．現地法人の下に現地の労働者を採用すれば大方の仕事は済むはずである．現地国政府も国内の雇用開発に貢献してもらった方が喜ばしいであろう．

　経済成長期が去って，安定成長期，そして不況局面に突入すると，各国国内企業と外国企業との経済競争は激化した．国内産業育成・保護のため，各国政府は外国からの輸入に対して強く介入するようになってきた．特定国間の貿易不均衡が顕著になり，経済摩擦が大きくなってきた．日米貿易がその典型的な事例であろう．完成商品の輸入が制限されるや否や，今度は本国以外の当該国に工場を設け生産し当地から輸出することで，特定国狙い撃ちの輸入規制の網をかいくぐることになった．これにより，現地国の雇用創出にも貢献できた．EUの事例でもわかるように，この戦略では直接当該国への進出ではなくとも，

第三国を経由しての進出でも良いことになる．EU 域内は資本もサービスも自由移動が認められているので，域内のどこかの国で生産活動に従事すれば，EU 域内で比較的自由に輸出できるわけである．

近年，「産業の空洞化」が叫ばれて，日系企業が特にアジア諸国に工場進出していったのは，また，別の理由があった．日本国内の賃金水準，物価水準が高いため，コスト高になって国際競争力が弱まっていることを考慮して，企業は生き残りを賭けて労働力が豊富で賃金や物価が比較にならないほど安いアジア諸国に進出していったのである．これにより輸入規制の制限もクリアできるので一石二鳥であった．

国際的な貧困問題

貧困問題は，古くて新しい問題であると言われる．南北問題と関連するが，これまでは貧困とはごく限られた南の地域の人々における問題であった．ところが，近年の世界規模での経済不況下において，貧困問題は世界的な広がりを見せている．もちろん，先進国と発展途上国では異なる事情がある．だが，北の国々にも貧困問題が深刻化していると言われる．欧州でも，現在も貧困問題が顕在化しつつあると言われている．貧困問題は，地球規模の社会問題と化している．

発展途上国においては，おびただしい貧困問題が存在する．貧富の差が激しくて，人口が増え続け，餓死者も多数に上っている．もちろん国による相違も大きいが，一般に，産業も未成熟で，教育水準や技術水準も低く，しかも，自然災害の影響もあったりして，自力更生が困難になっている国もある．人口は増加しても，雇用の場がない．貧困から容易には解放されないでいる．

発展途上国に蔓延する貧困問題は，より豊かな国への移民圧力を形成している．彼らにとっては，先進国に行くことが貧しさからの解放を意味することになる．不法入国という犯罪のリスクを伴っても，移住することを選択する者が増えている．発展途上国においては，農村から都市部に一度やってきて労働者

化した者は農村に戻ることが難しくなるといわれる．都市部に滞留した大量の労働者は，経済不況となると失業し，行き場を失ってしまうのである．

　発展途上国における貧困問題は，あくまで国内問題である．だが，経済がこれほどまでグローバル化してくると，発展途上国と先進国との間はより緊密になっており，相互に依存する関係にある．つまり，同じ地球上の運命共同体ともなっている．健全なるパートナー（発展途上国）があって，はじめて先進国も安定した経済活動が保証されるのである．おびただしい貧困，政治・経済の不安，治安悪化，戦争等に発展途上国が陥ってしまうと，もはや先進国との経済交流はできなくなる．発展途上国の安定した国民生活が先進諸国にとっても重要な要素となっている．後述する世界銀行が発展途上国の貧困対策に乗り出してきたのも，こうした文脈から理解できる．

不平等度の拡大

　他方，先進国においても，貧困問題は顕在化している．かつて言われた「相対的な貧困」のほかに，「絶対的な貧困」あるいは「新しい貧困」も存在している．実証研究でも証明されているが，多くの先進諸国において所得格差が拡大している．例えば，所得の上位20％の合計所得と下位20％の合計所得の国民総所得に対する比率を各々時系列で追うと，多くの先進諸国で上位20％の比率は上昇し，下位20％の比率は減少している．つまり，富める者は益々国の富を独占し，貧しい者はますます貧しくなっている．自由主義の帰結とも言えよう．

　従って，アメリカのような世界でも最も豊かな国においても，極貧の市民やホームレスが増えている．欧州では，旧社会主義国での貧困問題が深刻である．かつては，政府が所得の平等な分配を強制してきたのだが，社会主義政権が崩壊しても社会保障制度は一挙には整備されない．経済情勢も悪く，失業率も高い．貧困問題は益々深刻化している．

　日本では，資産格差が拡大しているといわれている．既に資産を持っている

者と持っていない者との間の格差が拡大しているというのである．特に土地や家を相続した世帯は，借金もせずに比較的安定した経済環境を生涯享受しやすい．他方，家を持たない世帯にとっては，家の値段は高くなって生涯の所得を当てても購入が困難になってきている．また，家を購入するために多額の借金を負い，生涯借金苦に陥る．つまり，最初にあった資産のハンディが個人の努力では生涯に渡って克服しきれない状態にある．

貧困問題は発展途上国だけでなく，先進国も含めて世界的な規模で進行してきている．こうした貧困化現象は一方で労働者の移動への圧力を形成するとともに，他方では貧困救済のための国際的な取り組みの必要性を強めている．

2 労働者の国際移動

労働者も国境を越えて

社会保障の国際化の背景として，真っ先に指摘しなければならないのは，労働者の国際移動の活発化であろう．経済学においても，国民経済学が対象としてきたのは暗黙のうちに国内労働力であった．労働者とは，当然ながら国内の労働者を意味した．労働者が国際的なニーズに応じて外国に出ていったり，外国からやって来たりすることは前提としていなかった．労働力は商品であると経済学で規定しても，実際には，人間の移動はそう単純なものではない．

もちろん，いつの世でも外国人は存在していた．だが，いつも僅少であり，例外的な存在であったため，ほとんど軽視されても大きな問題とならなかった．ところが，企業の多国籍化，そして，経済活動の国際化は，その帰結として労働者の国際化をもたらしている．もはや，外国人労働者は少数の例外的存在では済まされない存在となっている．

第二次大戦後，経済は地球規模で活発化し，貿易は拡大の一途をたどった．そして，労働者が移動する時代になった．労働者の移動は欧州ではかなり以前から確認されている．だが，今日のような規模での労働者の国際移動には，そ

れなりの理由があった．経済成長期の欧州では，不足する国内労働力を外国人労働者が補ったのである．

現代経済にあっては，第三次産業化が著しいことは各国共通する傾向である．サービスの提供においては，人的な国際移動は避けられない．サービスビジネスの展開に連れて，労働者も当然ながら国境を越えて移動することになる．日本でも，商社や銀行をはじめ多くの業界が国際ネットで事業を行っている．

もとより，外国人労働者の国際移動については，入国管理法によって厳しく制限されてきた．ところが，世界的な規制緩和，新自由主義の台頭は，国際的な労働者の移動をもはや例外的なものではなくしてしまった．もちろん，国内労働力の限界から海外の労働力を誘因した場合もあり，国内産業における外国人労働者に対する潜在的なニーズも大きく作用していたことは言うまでもない．

また，前述の通り，既に企業の多国籍化を通して，先進諸国からは発展途上国に多くの労働者が進出しているのが実態である．発展途上国からの労働者を先進諸国が頑なに閉ざすことは，双務主義的な国際関係からもますます説得力がなくなりつつある．

国内の外国人労働者の増加

既に先進諸国の国内には，多くの外国人労働者が居住している．経済成長期には，しばしば労働力不足が深刻となり外国人労働力の受入れが活発となった．ところが，経済不況期に至ると外国人労働者の受入れは抑制することはできるが，既に居住している外国人は本国には帰らない場合が多かった．外国人労働者の流れは，一方通行であり，Uターンはきわめて少ないというのが経験的な帰結であった．

また，新規受入れの外国人労働者の数もたやすく制限することが難しいこともわかってきた．長年，受入れを続けると，外国人労働者しかできないような職種ができてしまう．単純作業で，危険で，汚い仕事等は先進諸国の国民は，もはや，やりたがらない職業となり，外国人が独占するようにもなった．

また，外国人労働者問題で難しいのは，公式の政策として厳しい受入れ制限を行ったとしても，不法入国や不法就労が後を絶たないことである．国内に安価で便利な外国人労働者を悪用しようとする悪徳企業や国外の闇斡旋団体，そして，ブラックマーケットがある限り，行政が完全に外国人労働者の受入れ数を管理することは不可能である．

単純労働者分野での外国人労働者の受入れを原則制限すると表明している日本の場合であっても，益々多くの外国人労働者が多様な方法で入国しているのが現状である．

国際移動の理由

労働者が外国に向かうのは，企業論理だけからではない．労働者側にも，外国に出る希望があるからである．その背景にあるのは，南北問題であろう．日本やアメリカ，欧州をみればその構図は明らかである．一方に豊かな先進国があり，他方に貧しい発展途上国がある．賃金格差は著しく，先進国への数年の出稼ぎで母国での生涯賃金を稼いでしまうこともある．発展途上国の多くは，人口増加が顕著で，国内に就業機会が十分確保できない状況にある．溢れた労働者は，先進国を目指して旅立つ場合が多くなる．

他方，経済不況の中で先進諸国では外国人の受入れを厳しく制限し始めた．国内に失業者が大量に発生し，雇用機会を国民に保障するためには，外国人を受け入れられなくなったのである．しかし，発展途上国側には依然として労働者を押し出す圧力が強く，その結果，外国人の不法入国や不法就労が横行するようになっている．

だが，先進国側にも問題がある．長い間，外国人を受け入れてきた国においては，経済自体が外国人労働者に大きく依存している場合がある．外国人がいなくなっても，もはや国内の労働者では充足できない典型的な職務もある．建前は別として，実際には，安くて，保障のいらない，便利な労働力として活用している企業も少なくない．

アジア諸国の中には，フィリピンのように日本に対して公然と労働者の受け入れを外交ルートで要求してきた国もある．物価水準の大きな相違から，日本の賃金の一部を本国に送金すれば，大きな外貨獲得の機会を提供することになる．国内の溢れる失業者問題への解決策にもなる．

　欧州にあっては，これまではアフリカやアジアからの移民が主であったが，最近では東欧諸国からの移民も急増している．社会主義政権解体の後，東欧諸国では経済の混乱が続いており，失業率も高い．また，EUの拡大にともなって，域内からの自由移動してくる労働者の数も増加傾向にある．

労働者の移動から人の移動へ

　以上では，労働者の国際移動を取り上げてきた．だが，話は「労働者」にはとどまらない．確かに，経済的な議論としては，「労働者」で良かった．労働者の移動は，経済的な活動の一環である．そこで，まず問題になったのは，「労働者」とは誰か，という点であった．欧州でも，EUにおいて重要な議論がなされた．

　当初は，民間の賃金労働者が想定されていた．労働者の自由移動を進めたいEECは，当然ながら民間の賃金労働者の場合を想定して，彼等の社会保障における障害を除去することを手がけた．だが，自営業はどうかが問題にされた．自営業者は「独立労働者」とみなされた．彼らも労働者であり，やはり，当該政策の適用対象に含まれることになっていった．

　さらに，公務員が問題とされた．かつては国家機密に係わる場合があるとして，自由移動には抵抗があったと言われる．だが，現在の状況では，国家機密に係わる公務員などごく一握りにしかすぎない．国営機関の民営化の動向もある．そこで，公務員も自由移動の対象に加えられた．

　最後に，社会保障の「整合化」が受けられるのが，「労働者」に限定されることに疑問が投げかけられた．専業主婦や老人，子供，障害者等，働いていない人は，国境を越えて移動しても社会保障制度が国家間で調整されないのは，

不当な差別待遇であるとの主張が強くなった．そこで，最終的には，「人」の自由移動とその際の各国の社会保障制度の調整が進められることになった．欧州だけの問題ではなく，就労目的以外の多くの外国人に対しても等しく社会保障の権利・義務関係が適用される必要がある．

3 社会保障の国際化

　元来，国内的な性格が強かった社会保障制度において，労働者の国際移動は対応に苦慮するものであった．先進諸国間の労働者の移動であっても，両国間の社会保障制度の調整は容易ではなかった．労働者の国際移動が益々多様化してきたことは，問題をさらに深刻化させた．社会保障の領域における国際化対応が遅れていることは，労働者の国際的な移動へのインセンティブを阻害することになる．

　南北問題は，社会保障においても影響を及ぼしている．北は経済的に豊かというだけでなく，福祉の充実した国々でもある．他方，南は一般に社会保障制度が不備な国々が多い．南から北への移住は，福祉のない世界から福祉社会への移動を意味する．反対に，北から南への移住は福祉の喪失を意味することになる．この問題は，もはや放置しておくことができなくなっている．いかなる手段で解決に至るか検討されているところである．

適用上の障害

　外国人であるために，当該国の社会保障制度の適用に際していろいろな問題が立ちはだかることが多い．まず，国内の社会保障法において国籍条項がある場合は，外国人は社会保障から全面的に締め出されることになる．こうした外国人に対する直接的な差別待遇でなくても，居住期間や被保険者期間等の資格要件を設定する場合，この要件を満たさない外国人の多くが適用除外されることになる．

このこと自体は，外国人差別に相当しない．国民であっても同じルールが適用されるからである．しかし，実質的には，外国人にとっては差別されているのと同じ意味を持つ．また，仮に内外人平等待遇原則に従って国内の社会保障法が外国人にも等しく適用される場合であっても，支給額や支給期間等の支給条件において，結果として外国人が劣悪な状況下になる場合が一般的である．

現在居住の国の社会保障だけでなく，複数国間を渡り歩く外国人の場合，出身本国の社会保障制度も適用されない場合もある．各国の社会保障から排除され，無保証となる場合もある．適用されても，条件が劣悪で，不利益を被る可能性がある．

社会保障の調整へのニーズ

本章で見てきたように，企業レベルでも，労働者レベルでも，国家レベルでも，労働者の国際的な移動が結果的には促進されているのが現在の状況である．社会的な環境が労働者を海外に押しやろうとする圧力となっている．かつては，南から北への単純労働力の一方通行の移動であったのが，現在では，北から南への移住も増え，移住の方向も複雑化している．単純労働者ばかりではなく，最近では技術者や高級管理者等の国際的な引き抜き合戦も激化してきている．

労働者側の視点に立った場合でも，海外進出への動機は多様化している．海外に移住しようとするのは，単に労働者だけではない．海外旅行客は増え，各国間の文化交流も盛んである．海外の歴史や文化，学問を通して，その国に行く者も増えている．国際結婚も日常茶飯事となってきた．労働者だけを対象とする社会保障の国際的調整では不十分となっている．

人間である以上，外国人でも基本的人権が認められなければならないし，その一環として社会保障の権利も保護されなければならない．社会保障は各国政府の自治権下にある．だが，外国人労働者が増えるに連れて，特定期間しか居住しない外国人にとっても不都合を生じないような国内法上の配慮が必要とされている．

第2章　国際社会保障の概念

　本書は国際社会保障論を説くものであるが，その前提として，何が「国際社会保障」であるのか，明らかにしなければならない．「国際社会保障」とは，社会保障の一つの分野と位置づけられるが，非常に特異な分野である．まず，「社会保障」の定義からはじめなければならない．何故なら，かなり一般化しているとは思われているが，「社会保障」とは国によって定義も異なり，国際的には必ずしも合意されていないからである．

1　社会保障の概念

「社会保障」という言葉

　周知のとおり，「社会保障」という言葉はアメリカで1935年に成立した社会保障法（Social Security Act of 1935）に由来すると多くの社会保障に関する文献で指摘されている．日本では，この事実がことのほか強調されているように思われる．恐らく，日本の社会保障の形成に関しては，アメリカやイギリスの影響が強かったため，この事実が過大に評価されたのかもしれない．英語圏以外では，これほどは重要視されていないように思われる．1935年のアメリカ社会保障法の歴史的意義については，あまり高く評価されていないように思われる．このことは，単に言葉の問題なのであろうか．

　アメリカが最も古く社会保障を構築した訳ではない．当時のアメリカ社会保障制度が，世界的に最も先進であったとも言えない．その後も現在に至るまで，アメリカの社会保障が欧州諸国以上に発達したとも言えないであろう．単に，「社会保障」という言葉が初めて使われたに過ぎない．やはり，社会保障の内

容としては欧州各国においていち早く導入され，現在でも欧州でより充実していることが確認できよう．

　第二次世界大戦以降，各国は平和な国家を構築するための基礎として社会保障を充実させていった．「社会保障」という言葉は，こうして，各国において根づいていった．ところが，「社会保障」と称してどのような制度がこれに含まれるのか，その内容は国ごとに異なっていた．

　日本では一般に，社会保険と公的扶助をもって社会保障を構成すると考えられている．これは，まさにアメリカやイギリスの理解に従ったものと思われる．アメリカでは，社会保険（social insurance）と公的扶助（public aids）が社会保障の構成要素であるとされた．イギリスのビヴァリッジリポートでは，社会保険と関連サービス（social insurance and allied services）という表現を用いた．さらに，社会保障を広義にとるか狭義にとるかで，公衆衛生等の関連制度を含んだり除いたりしてきた．日本では，こうした考えが通説となり，疑いもされなくなっている．ところが，多くの国々では必ずしもこの理解は受け入れられていない．

　例えば，フランスでは「社会保障」は実質的にはほとんど日本の社会保険に近い概念である．とはいえ，フランスの社会保障は，純粋な社会保険と異なりきわめて福祉的な側面も内包している．他方，「社会扶助」があり，社会福祉や公的サービスを規定している．ここでは，社会保障の一部が社会扶助という関係は存在しないし，両者を含めた概念もみられない．ドイツをはじめ，欧州大陸諸国の多くがむしろこうした理解の社会保障の概念に基づいている．興味深いことは，ILOやEUなどの国際機関に関しても，実はアングロ・サクソン型ではなく，欧州大陸型の概念を採用していると言われていることである．

　さらに，「社会福祉」という言葉の定義，特に「社会保障」との関係を調べてみると，議論はさらに複雑となり，国による相違が甚だしくなる．社会保障の一部が社会福祉であったり，逆に，社会福祉の一部が社会保障であったり，また，それ以外である場合もあろう．

このように，言葉の定義は国際的には非常に困難であり，また，いまのところ統一する必要性も強くは認められていない．何故なら，社会保障や社会福祉は各国の完全な自治下に置かれているからである．国際化が進行しても，すべての人に適用されるのは最終的には当該国の社会保障制度のはずである．国際機関が特別に社会保障を持っているわけではない．国際的な条約はあくまで各国の国内法の調整を行うものである．

社会保障の目的

社会保障は何故作られたのであろうか．一般に，国民の生活を守るために，社会保障が登場したとされる．多くの国々において，憲法が国民の基本的人権を保障している．日本においても，憲法25条が「すべての国民は，健康で文化的な最低限度の生活を営む権利を有する」とし，その2項で「国は，すべての生活部面について，社会福祉，社会保障及び公衆衛生の向上及び増進に努めなければならない」と規定されている．

より具体的には，社会保障には二つの目的があるといわれている．一つは国民の最低生活の保障であり，もう一つは喪失所得の保障である．この二つの概念の関係は非常に微妙である．別の表現を使うならば，前者は貧困からの救済を意味し，後者は所得保障による平等社会の創造を意味する．さらに，具体的に言うならば，生活保護のような公的扶助制度が最低所得保障を実現するものであり，社会保険制度が典型的に各種リスクにおける喪失所得の保障を実現することになる．

だが，この二つの目的に応じた施策は，実際には非常に異なる効果をもたらすことになる．最低生活保障制度は，一般に国民全体の税金によって賄われて少数である貧困者等に無拠出で支給される制度であり，大多数の国民はこの制度の恩恵は受けない．他方，所得保障制度はほとんどすべての国民を対象として，拠出を前提とする制度であり，一般的に所得に応じて拠出し，所得に応じて給付を受けるものである．

もちろん，所得保障制度においても公的補助金も組み込まれていたり，福祉的な運用も一部行われていることも見逃せない．だが，社会保障の本質である所得再分配機能は，所得保障制度においては最低所得保障制度に比べてはるかに小さいと言える．最近になって主張されている民営化論も所得保障制度に関係する議論である．

社会保障の範囲

　「社会保障」の名の下に，どのような制度が具体的に運営されているのか明らかにされる必要がある．まず，ILOが社会保障の最低基準に関する条約102号において掲げている制度は，医療，疾病，失業，老齢，労働災害・職業病，家族，出産，障害，遺族の九つの制度である．興味深いのは，前述のとおり，ここには生活保護のような公的扶助に属する制度が含まれていないことである．
　ここでは九つのリスクが列挙されているが，これが必ずしも九つの別個の制度を意味するわけではない．労働災害と職業病を別個の保険制度で対応している国もあるし，日本のように医療，疾病，出産を健康保険一つに組み込んだり，老齢，遺族，障害を一つの年金制度の中で運営している国もある．
　等しく「社会保障」と称しながらも，各国の法律が具体的に組み込んでいる社会保障制度の内容は国によってかなり異なる．例えば，ドイツでは，住宅手当のほかにも教育手当も社会保障制度の一環として運営されている．ベルギーでは，年次有給休暇制度は労働基準法によってではなく，社会保障法の一環として規定され運用されている．フランスでは社会保障としての法定失業保険はいまだに存在していないが，労働協約に基づく制度として運営されている．オランダやギリシャには労働災害保険がない．北欧諸国では遺族給付が廃止されている．
　国際的に位置づけが難しいのが，医療サービスである．疾病保険と医療サービスに関して，これを社会保障とは別の系列に位置づける国がある．もちろん，これらを社会保障の一部として組み込んでいる場合が多い．医療サービスに限

ったことではない．国によっては，例えば，労災を完全な民間保険に委ねている国も見られる．同じ制度であっても，法的根拠，運営主体，国の介入の仕方等，国によって大きな相違が見られる．

このように，どの国が社会保障制度として，どのような制度をどのような形で運営しているかを概観していくと，際限なく社会保障の体系が浮かび上がってくる．10国があれば，10種類の社会保障があると言われる所以である．

社会保障の基本的特徴

社会保障の基本的な特徴として，いろいろ指摘されるところであるが，ここでは国際化との関係から以下の特徴を特に注目したい．

（国内性）

各国によってその基本構造が異なるということは，逆に，社会保障の基本的な特徴をよく表している．つまり，社会保障はきわめて国内的なものである．まず，社会保障が国内の様々な社会問題に対応して制度化されてきた経緯を想定すれば，その社会問題自体が国によって異なるため，自ずとその対応である社会保障も異なるわけである．例えば，農業が主要産業である国においては失業保険や労働災害補償へのニーズは小さくなるが，工業国においては必要不可欠な制度となろう．

先ほどの憲法の引用でもあったように，社会保障の対象は暗黙のうちに国民が前提されていた．現在の日本でも社会保険は外国人にも適用されるが，生活保護のように日本国籍保持者のみに適用が限定され，外国人は除外されることもある．こうした，社会保障適用に際しての国籍条項についても，国によってその取り扱いが異なる．さらに，同じ国にあっても制度ごとに適用条件が異なる場合も頻繁である．例えば，医療サービスは社会保障の権利として以前に，人道的な立場から外国人にも無条件で適用される場合もある．

（包括性）

社会保障は全国民に包括的に適用されるものである．したがって，一部の

人々に固有のリスク，一部の人々への優先的な適用等は一般的にはなかなか認められない．外国人だからといって特別な制度が準備されているわけではない．通常，当該国民に行われているものと同じ制度が外国人にも適用されるか否かが問題にされるだけである．

社会保障は強制適用を原則としながらも，一部では任意加入制度も運営されていることがある．だが，国際化に対してはやはり包括性が優先され，一般に強制適用であれば，外国人に対しても強制適用される．この点は内外人平等待遇の側面からも支持されている．

(国家管理)

もう一つの社会保障の特徴は，国家管理にある．社会保障とは，飽くまで国の公共政策の一環である．同様の機能を持つ制度を地方自治体が独自に行う場合もあるが，これは社会保障とは異なるものである．中央政府が，当該国全国を対象に施行する制度が社会保障である．

もちろん，最近の動向で権限の地方委譲が進展してきているが，中央政府がガイドラインを作成して，財政的にも地方を支援するような構造になっているのが一般的である．社会福祉では地域福祉が重要視されるが，社会保障では，強力な国家のイニシャティブが前提とされる．

国によっては，産業別の労働協約に基づいて社会保障制度と同様の機能を果たす制度を伝統的に運営している場合が，特に欧州では多く見られるが，これらの制度は社会保障とは区別される．日本の企業福祉制度なども，社会保障そのものには含まれないことになる．

2 社会保障の類似制度

社会保障の定義と目的について論じてきた．社会保障と同様の目的に貢献するが，社会保障の範疇から除外される制度も各種見られる．「社会保障」とは，各国の国内法で具体的に規定された内容を持っている．この国内の社会保障法

で定められていない制度は，形式的には社会保障の一部分とはみなされないことになる．しかし，機能面を重視すれば，法的根拠は異なっていても社会保障に準じた制度とみなすことができる．

そこで，ここでは社会保障の周辺に存在する社会保障の類似制度を比較検討してみたい．社会保障の類似制度を見ることは，単なる理論的な考察としてだけではない．社会保障改革の際に必ず問題とされる関連制度との調整に関して，制度間の機能的な相違を認識することに役立つはずである．

社会保障の国際比較をする場合，通常，法律で定められた「社会保障」の内容を分析対象とする．ところが，法律で各国が定めた「社会保障」の内容はことごとく異なる．医療ですら，社会保障の範疇から除外する国もある．そこで，法的な枠組みとは関係なく，機能を重視して比較していく研究が求められている．以下では，社会保障と同様の機能を果たす類似制度を列挙していく．

税制

税金も近年多様化しており，税金によってはその機能もかなり異なることもあるので一概に論じることが難しくなってきている．所得税は通常，累進課税で運営されており，豊かな人々から多くの税金を出してもらい，貧しい人々からは少なく負担してもらう制度である．他方，税金は社会保障に限らず公共の利益を目的として支出される．税金の恩恵に与るのには，お金持ちと貧しい人の間の差は比較的少ないであろう．つまり，税制を通じて所得再分配が行われ，貧富の差が小さくなるようになっている．

この機能は，社会保障と同じ機能を果たしているといえよう．社会保障のうち社会保険に関しては，サラリーマンの多くの場合は所得比例給付に属し，賃金水準に応じて一定比率を拠出する．もちろん，最高限度額と最低限度額が設定されている場合も多い．他方，適用給付制度の支給額も年金の場合など標準所得の特定比率で算出される．したがって，高額所得者は高額拠出をして，高額給付を受け，低額所得者は低額拠出して低額受給する．通常の範囲内では，

一般に所得再分配効果は税金より社会保険の方が小さいとみなせよう.

北欧諸国のように,社会保障の財源の多くを一般税収に求めている国々もある.また,多くの国々において,社会保障の財源をめぐって税金と保険料を併用するようになってきている.企業にとっては,税金も社会保険料も等しく労務コストとして,同じような感覚を抱いているであろう.労働者にとっては,税金と保険料は決定的に異なる意味を持つ.保険料においては,個人の権利・義務関係が非常に明確であるが税金は個人的な関係がない.

他方,政府においても,両者の関係は接近している.経済不況に加えて社会保障の危機が叫ばれる欧州にあっては,政府の公共政策の一環として,これまでの企業への優遇税制に加えて,社会保険拠出の免除策が多くの国々で展開されている.つまり,社会保障が企業の保護育成のための手段として利用されているのである.

民間保険

民間保険と社会保障との関係は非常に微妙である.年金や健康保険等においては,特に民間保険と社会保険が交錯するところとなっている.日本の厚生年金基金,イギリスの職域年金のように,民間保険が政府の運営する社会保障の代替として認められている場合もある.デンマークでは,労災保険は民間保険に委託している.このように,制度によっては社会保障制度に代わって民間保険制度を活用している場合もある.周知のとおり,アメリカには社会保障としての健康保険制度が成立していないが,他方で,民間保険として医療保険が進んでいる.社会保険の所得保障制度に関しては,民間保険と競合関係にあるため,最近の社会保障の財政危機下で民営化が自由主義者によって強調されてきている.

さらに,これまでは政府の完全な管轄下にあった社会福祉サービスにおいても,近年は民間活力の導入が進行してきている.「シルバー・ビジネス」と呼ばれるように,高齢社会の到来にあって,高齢者向けの各種サービスが民間企

業のビジネスの対象となってきた．高級高齢者施設から，民間介護サービスまで，ありとあらゆるサービスに企業が介入してきて成功を収めている．

家族制度

家族制度は周知のとおり，昔の日本社会においては大きな福祉的機能を発揮していた．三世代同居の農村の大家族においては，家の中で役割分担が完結しており，社会保障の必要性も少なかった．そこでは，年老いても生産活動に従事することができたし，より若い世代が年寄りを扶養するのが当然のこととなっていた．大戦後の核家族化は「家」制度を解体させたし，都市の住宅事情の悪さからも一軒の家の中で子供世代が老人を扶養するのは困難となった．

こうした一般的な傾向があるにもかかわらず，国際比較すると，日本ではまだ家族が福祉の最小単位としてまだ機能していると評価できる．高齢者と若い夫婦の同居は欧米ではほとんど例外的であるが，日本では低下傾向にあるとは言ってもまだまだ比較的高い水準にある．政府の福祉政策を見ても「在宅福祉」が中心となっており，家族の扶養を前提として展開している．

貯蓄

個人貯蓄もある種の保障の役割を果たす．保険と違って貯蓄は，十分な保障となるためには相当長い期間を必要とするのが一般的である．だが，貯蓄は使用目的を特定化しないで，いかなる目的にも使用することができる点が保険と異なるところである．貯蓄性向は日本人の間で特に高い．コツコツと貯蓄して将来に備えるのは，日本人の美徳と思われてきた．欧州では，一般に貯蓄性向は低い．社会保障が十分発達しており，信頼が厚いため，個人で貯蓄する必要性が少ないと思われている．

近年，金融業界の自由化の影響で，銀行と保険会社と証券会社等の垣根が低くなりつつある．保険会社の提供する保険商品の中にはほとんど貯蓄商品化しているものもあり，逆に銀行も保険に類似した貯蓄商品を売り出している．高

額所得を持つ高齢者にとっては，貯蓄は老後を支える益々重要な行為となっている．

社会保障民営化は世界的な潮流であるが，社会が貯蓄を奨励している．公的年金においても，賦課方式から積立方式への意見が次第に強くなっている．私的年金でも確定給付制度からより金融業界にとって魅力的な確定拠出制度への動きが次第に定着してきている．経済不況下で貸し渋りが横行する中，改めて金融市場の活性化が求められている．

企業福祉制度

政府の行う制度とは別に，日本やアメリカなどで顕著な企業レベルの各種福祉制度がある．例えば日本では，政府の施行する児童手当はきわめて貧弱で，所得制限が厳しく，非常に限定的な機能しか果たしていない．ところが，日本の給与制度においては，子供の他に配偶者や老人被扶養者にまで扶養手当が支給され，その額も政府の児童手当よりも充実している．住宅手当に関しても，公務員でも日本では制度化されており，民間企業では社宅を持ったり，独身寮を作ったり，借家に対する援助をしたりして，企業は大きな費用負担をしているのが一般的である．扶養手当や住宅手当は正確には企業福祉にも含まれない，賃金制度の範疇になろう．

企業内にクリニックを設けたり，観光地に保養所を所有し従業員の利用に供したり，住宅貸付けを企業が低利で提供したり，企業によって多様な労働者の福利厚生が施行されており，政府もこれを支援している．大企業だけでなく，中小企業においても自発的な企業福祉も展開されているし，中小企業が団結して共済のような福祉的な制度を運用していることも多い．アメリカでも，利益分配制度として，株式の譲渡や企業年金をはじめ多様な福祉的な制度がある．

各種福祉的施策

この他にも，社会保障と同等の機能を有する制度が各国なりに多様に展開さ

れている．例えば，多くの国々で行われている高齢者向けの特別割り引き料金制度なども，高齢者福祉の一翼を担っている．国によっては，交通料金だけでなく，多くの機関への入場料や利用料にまで適用されている場合もある．また，高齢者への各種税的優遇措置等も注目される．所得の少ない高齢者にとっては，非常に有効な福祉となっている．

アイルランドにおける福祉雇用のように，母子家庭の母親に優先して公務員の就業機会を提供するような制度も地味ではあるが，その福祉的な効果は大きい．障害者雇用や高齢者雇用の促進も，労働政策の一環として展開されているが，福祉的な効果が大きい．こうした保護された雇用によって，当該者は賃金をもって自立した生計を立てられるが，もしこうした措置がなければすべて福祉制度に依存しなければならなくなる．

3 | 国際社会保障の視点

最初に述べたように，国際社会保障には三つの視点があり，区別されるべきである．第1は，各国の社会保障の研究を蓄積していく視点である．第2は，各国社会保障制度の相互関係を検討するものである．そして，第3は，世界を一つとみなした場合，その世界の舞台全体における社会保障を検討するものである．

各国の社会保障制度

まず，最初の仕事は世界中の国々がどのような社会保障制度を運営しているのか，国別に，そして，制度別に明らかにしていくことである．これまでの国際的な福祉国家の比較研究は，この次元に属するものと考えられる．多くの研究が，「○○国の○○制度について」といったそれぞれの専門家の研究を寄せ集めたものであった．非常に地道な研究であるが，この研究なしには第2，第3の研究も有り得ない．第2，第3の研究は，第1の研究の積み重ねを前提と

して成り立つものである.

　また，社会保障制度が充実しているのは，ごく僅かの先進諸国に限られる．世界では多数の国々がまだ社会保障制度が十分に導入されていない．したがって，国際社会保障の研究は，社会保障制度が十分機能していない国々における社会分析も重要な分析対象となる.

　欧州の社会保障の標準的な枠組みは，発展途上国の分析には必ずしも適合しない場合も少なくない．工業国と農業国とでは，社会保障へのニーズも全く異なると思われる．都市と農村でも同様であろう．逆に，社会保障がなくても，社会が問題解決していけるメカニズムがある場合もあろう．家族制度などもその一つであろう.

　先進諸国の間でも，社会保障の相違は大きい．一つの社会保障制度をとっても，国によってかなり異なる運用を展開してきた．このことはこれまでかなりの研究の蓄積がある．今後もさらなる研究が待たれる.

各国社会保障の相互関係

　国際社会保障とは，各国社会保障の単なる寄せ集めではない．国際社会保障論では，各国の社会保障の相互関係が問題とされる．特定の国や特定地域のみを扱うのではなく，あくまで，世界を一つの舞台とした社会保障の機能を検討するものである．各国は社会保障の運営に当たり，国際社会の影響を大いに受けている．社会保障の歴史を紐解いても，近隣諸国で類似の対応を展開しているのが一目瞭然である．各国は社会保障の領域においても，お互いに影響しあっている．したがって，特定の国だけの議論に留めることなく，世界的な広がりを対象として社会保障を分析していく必要がある.

　政治学における国際関係論にあたる領域が，社会保障の領域における国際社会保障論に相当すると言えよう．構成要素一つひとつの分析では生起されない相互作用の分野が創造されている．サッカーを例にとれば，11人の個人的評価だけではチーム力は評価できない．それぞれ個性のある選手1人と1人の組

み合わせは，2人以上にも以下にも機能するのである．

　国際社会保障のもう一つの対象は，まさに，各国間に介在するものである．社会保障を実際に施行しているのは，紛れもなく各国政府である．社会保障の導入とその運営は，100%各国政府の自治下にある．制度を持たなくとも，また，制度をどのように運営しても，これらは基本的には当該国の国内問題であって，国際的に非難される筋合いのものではない．国際条約に調印することで，初めて何らかの拘束力がかかるのであるが，調印するかしないかは各国の自由である．

　社会保障は国家が確立させ，運営するものである．国際機関をはじめ，国家以外のいかなる組織も独自の社会保障を所持していないことを忘れてはならない．国際社会の影響を受けて，各国の社会保障制度の運用を一定程度規制することで，そこに国際社会保障の空間が成立するのである．

　つまり，純粋に国内制度だけであれば行われないような措置が講じられることで，特定のカテゴリーの者に対して特別な社会保障の運用が可能となるのである．国内制度の弾力的な運用を通じて，国際的なニーズに応じることができるのである．各国が何らかの協定を結び，社会保障における相互の配慮を約束することで，はじめて各国は国際的に拘束されるのである．ここに，国際社会保障の領域が出現するのである．社会保障の国際的な関係は，法律において確定される．従って，国際社会保障法なるものが，国際社会保障を規定していくことになる．

地球単位の社会保障

　国際化の遅れていた社会保障の領域でも，ようやく諸外国の研究が活発となってきた．ただし，そうした書物の多くは諸外国における社会保障制度の紹介である．日本における外国社会保障の研究の多くは，国別，そして，制度別に分断されている．「イギリスの年金制度」とか「ドイツの医療制度」といった具合である．もちろん，それらも重要な研究であることに相違ない．だが，そ

れぞれ国は変われどナショナルな研究に留まっている．インター・ナショナルな研究に達していないと思われる．各国間の相互関係などにはまったく言及されていない場合が多い．また，世界全体を一つの総体としてどう評価するのか何の言及もない．

　日本の政策立案においては，いまだ諸外国の事例が非常に重要視されている．ところが，日本の外国研究が国別に分断されていることから，各国の制度の評価ができなくなる．イギリスの専門家はイギリスを賛美し，ドイツの専門家はドイツを賛美するのが普通である．専門家は通常，良いものを研究しているつもりであり，悪いものは軽視しがちである．国を横断するようなクロス・ナショナルな分析をしなければ，正当な評価は下せないように思われる．

　国際社会保障の一つの次元は，各国社会保障の総合化の過程である．ある巨大な組織を研究する場合，一般にその構成要素を一つずつ丹念に分析していくことから始められる．多くの場合，こうした手法が採用されるし，場合によってはこれ以外に分析手法がない．すべての構成要素を分析することが不可能でも，事例を積み重ねることで，巨大組織の大方の特徴は解明できるはずである．統計で言う，サンプル調査のようなものであろう．

4 ｜ 国際社会保障の概念

社会保障論と国際社会保障論

　上記の三つの視点で示したように，国際社会保障論は社会保障論とまったく別の対象領域を抱えることになる．社会保障論を地理的に延長した上に国際社会保障論があるわけではない．また，外国の社会保障を研究すれば，国際社会保障論になるわけでもない．このことを良く留意されたい．

　分析対象が変わることで，分析する内容にも質的な変容を生じる．例えば，これまでの社会保障では，国内のみを想定していればよかったが，国際社会保障論では国家間の関係が問題になるし，各国社会保障制度の総体化が問題とな

る．社会保障論にはなかった，まったく新しい研究領域になる．

　もう一つ決定的に異なる点は，これまでの一般的な社会保障論は暗黙のうちに少数の先進福祉国家を想定していた．社会保障制度が十分導入されていない国の社会保障は，研究対象となりにくいし，関心も集めてこなかった．これに対して，国際社会保障が対象とするのは，先進国に限らず発展途上国にいかに社会保障を普及させていくかというテーマが関心の的になる．したがって，対象国が変わるのみならず，分析内容も著しい変更を伴うことになろう．

　さらに，重要なのは，活動の使命や目的，その拠り所とすべき規範がことなる．社会保障論では，各国の国益を想定すれば十分であった．国際社会保障論では，それ独自の規範が必要となろう．世界における人類の生活保障を最終目標として，先ずは発展途上国における福祉の向上，貧困の解消を目指して，社会保障制度を普及させることが求められる．

人の国際移動に伴う社会保障の調整

　国際社会保障論で一つの大きな関心事は，国境を越えて移動する人への社会保障の適用の問題である．各国において社会保障がきわめて国内的で国内完結型の運営をしてきたため，国と国との間を移動する人の社会保障はどの国の制度がどのような条件で適用されるのかという問題が生じる．社会保障論ではこのような問題は有り得なかったし，国際社会保障論が開拓すべきまったく新しい研究領域と言えよう．

　第2部で論じて行くが，社会保障に関する国際協定や国際条約等は，各国社会保障が相互に関係する法律である．国境を移動する者に社会保障の領域で多くの問題があった．こうした法律がなかったら，各国の法律に従って当該者は大きな不利益を被ることになった．逆に言えば，国際的に移動する人たちの社会保障の権利を保護するような活動が必要となる．国際社会保障論は，この使命を果たすものである．

国際社会保障の使命

さらに，国際社会保障論は国内を暗黙の内に想定している社会保障論ではなかった新たな意味が込められている．前述のとおり，社会保障が十分整備されているのはごく少数の国々である．したがって，国際社会保障論では，世界中のより多くの国々に社会保障を普及させようという使命がある．世界中のすべての人が，基本的人権を保障され，最低限の生活が保護されるようになるための活動が必要である．当該国家にそれができない以上，国際社会から何らかのアプローチが不可欠となる．

国際連合の専門機関であるILOの活動は，正にこの使命と一致している．社会保障論は，当該国の国内の社会保障制度を施行していくだけの目的であるが，ILOの国際社会保障は世界中に社会保障制度を普及させていくこと，さらに，その制度を国際基準に合致させて運用していくことをめざしている．ここでも，社会保障論と国際社会保障論とでは，その目的と使命から大きな相違がある．

参考文献
[1] 高橋武『国際社会保障法の研究』至誠堂，1968年

第3章 国際社会保障の歴史

　社会保障とは比較的新しい領域である．国際社会保障は，社会保障の発展した段階を前提としており，さらに，新しい領域であると言えよう．国際社会保障の歴史を見る前提として，社会保障そのものの歴史を簡単に概観しておこう．ただし，ここでは特定国の歴史をフォローするのではなく，世界を一つの舞台と想定した上で，社会保障制度の歴史を見て行きたい．

1 社会保障の歴史

救貧法の成立

　貧困問題は人類の歴史上おそらく当初から存在した問題であり，豊かな時代になった現在でも形を変えて存在している．将来においても，やはり，人類の永遠のテーマとなるであろう．貧困問題に対する人類の対応は，様々な次元で，多様な方法で，試みられてきた．その中で重要なのは，おそらく，宗教的な慈善活動であろう．周知のとおり，『聖書』は貧困者や障害者等の社会的弱者の救済を説いており，実際に教会や修道院は歴史的にも慈善を実行してきたし，また，現在でも政府の活動の行き届かない領域で，貴重な慈善活動を展開している．キリスト教以外の宗教においても，多かれ少なかれ同様の慈善活動は行われてきたと想像できる．

　宗教団体の他にも，いろいろな個人，各種団体，地方の行政組織，民間事業所等のレベルで福祉的な事業が随時行われてきた．たとえば，ある地域の王や領主等の支配者が善意から互助的な共済制度を作った．中世のギルド社会では，同じ地域の同じ利害関係者の間である種の私的な保険制度を創設していた．そ

の他にも，多様な試みがあった．ところが，これらの活動は偶然の特定個人や組織の信条に依存しており，長く続くことは稀であった．普遍的な救済が一般的なものとして制度化され，組織的に継続されていくには，やはり，国家の介入が必要であった．

社会保障の歴史は，一般的には，救貧法とともに始まる．確認されている世界でもっとも古い救貧法は，イギリスで1531年に制定された「乞食および浮浪者の処罰に関する法律」であった．この法律は1547年には貧民と労働不能者への救済を含むものへと改訂された．当時は，浮浪者は怠け者として，社会的な非難の対象とされてきた．そこで，就労の促進により，彼らを自活させることに主眼が置かれた．こうして，1601年には有名なエリザベス救貧法が制定された．

以後，資本主義の発展にしたがって貧困者の問題も変化していった．救貧法も時代のニーズに応じて改正を繰り返してきた．産業革命を経て，労働者階級が都会に集中し，貧困問題も体制的に生み出されるようになってくると，労働能力がなく，扶養者もいない貧民の救済は国家の責務であると認識されるようになってきた．こうして，恩恵的な性格であった救貧法は，公共責任論に基づいた公的扶助に発展して行くことになる．1891年デンマークの公的扶助法が世界でもっとも古い試みであるとされている．

以後，各国で公的扶助やそれに類似する制度が導入されていった．だが，公的扶助制度は，現在でも制度化していない国も少なくないことは注意すべきであろう．資本主義が遅れて発達した国にあっては，国民の貧富の格差が激しく，少数の金持ちと多数の貧民から社会が成り立っている場合が多い．公的扶助が成立しにくい社会構成と言える．他方，労働者を対象とした社会保険の方が，適用は限定的ではあるが，導入しやすい側面もある．

各種自治制度

政府が行う公的扶助のような政策とは別に，特定集団によって各種自治的な

保護制度も出現してきた．商工業者のギルド，同業者組合，職人組合，労働組合等が仲間の連帯的な制度として形成された．宗教的な組織と違い，ここでの制度は職業活動と密接に関わっていた．産業革命を経て，資本主義が発展してくると，都市部には労働者階級が形成され，何らかの社会的な保護が必要となってきた．こうして，19世紀に入ると産業レベルで各種保護制度が確立されていった．

周知のとおり，労働組合は各国において各種共済制度を設立し，組合員相互の互助として機能してきた．疾病，障害，失業，老齢等のリスクに対応する各種制度が労働組合を中心に実現していった．この段階では，まだ，各制度は特定地域内，職業内，企業内等の小規模組織に終始した．それでも，この時期の経験は以後の国家介入による社会保険の確立に大きな影響を及ぼしたことは事実である．

興味深いのは，共済制度と以後の社会保険の関係である．労働組合の不十分な共済制度を，補完し，統合し，発展させる形で社会保険が確立された場合が多いであろう．その場合は，労働組合が支援する共済制度の役割は，社会保険によって代替されることで，急速に縮小されて行った．他方，社会保険と共済の役割分担を明確にして，共存形態を続けて行った事例もある．この場合には，労働組合は依然として共済制度に関して大きな権限を堅持している．

社会保険の誕生

社会保障の次の発展段階は，ドイツで展開された．周知のとおり，ビスマルクは労働者の保護政策の一環として世界ではじめて社会保険制度を導入した．1883年には疾病保険，1884年には災害保険，1889年には老齢・廃疾保険が立て続けに制度化された．救貧法がごく少数の貧民のみを適用対象としていたのに対して，社会保険はすべての労働者を組み込んだ．

工業の発展が著しかった19世紀末から20世紀はじめにおいては，労働者の保護としての社会保険は非常に重要な役割を担っていた．ほぼ同様の社会保険

各制度は,これ以後20世紀初頭にかけて欧州大陸の各国に普及していった.労働者階級の保護を目的としているため,健康保険や労働災害保険,年金等が重要視されていた.イギリスは,社会保険の導入には当初懐疑的であったが,比較的遅れて,1911年の国民保険法として,失業保険まで含めた総合的な社会保険を「国民保険」として成立させた.

その後,実は社会保険は多くの国において,戦争の前後,あるいは,戦中に導入されることが多かった.戦時中に戦費調達が困難となり,国民の生活の保障を理由に社会拠出させ,その基金を戦争に流用していたためではないかとも言われている.事実,多くの国々で,インフレの影響もあって,戦前の約束はすべて御破算となっている.安定した基盤を持った社会保険の成立は,第二次大戦以降にようやく実現していった.

社会保障の登場

救貧法と社会保険は,別々の発展経緯を有するものであった.救貧法は公的扶助制度に姿を変え,社会保険とも密接な関係を持つようになってきた.両者を統合して「社会保障」という概念がはじめて登場したのは,1935年のアメリカの社会保障法であった.さらに,1938年にはニュージーランドでも社会保障法が制定された.ただし,社会保障という言葉は使用されていなかったが,欧州諸国においても内容の上では,アメリカやニュージーランド以上の社会保険と公的扶助の制度を備えていたことは注意を要する.

現在のような社会保障が本格的に確立したのは,第二次大戦以降であった.1942年のイギリスのビヴァリッジ報告は,戦後世界の平和で民主主義的な福祉国家の模範として,各国の社会保障の確立に大きな影響を与えた.もちろん,ILOが社会保障の世界的な普及に際して果たした役割りも見逃すわけには行かない.ビヴァリッジリポートに先駆けて,ILOは『社会保障への途』を刊行している.この書物において,「社会保険から社会保障へ」の基本方針が示され,世界中の国々に浸透していった.

大戦後の各国における経済成長は，各国に社会保障制度の発展を可能にした．公的扶助，社会保険ともに機能を拡大し続けてきた．また，企業福祉や民間福祉等，社会保障を取り巻く領域も発展してきた．ところが，その後の世界レベルでの経済不況は，一転して社会保障の後退を導き，社会保障改革が進められるようになった．

2 国際社会保障の歴史

国際社会保障は，各国の社会保障の発展した段階で出現してきた．つまり，20世紀に入ったところで，先進諸国の間での問題解決の手段として，二国間の社会保障協定という形で，国際社会保障法が導入されていった．

(1) 二国間の社会保障協定

世界最初の国際社会保障法といわれるのは，1904年のフランス・イタリア条約であった．隣国である両国の間には，当時いろいろな問題があった．イタリア商品がフランスで自由に販売された．イタリアは物価が比較的安く，イタリアの商品の方がフランスの商品より安かった．労働条件もイタリアでは劣悪で賃金も低かった．職場の保健や安全衛生もイタリアでは遅れが目立つ状況下にあった．そこで，フランス政府はイタリア政府に労働条件の改善等の提案を行ってきたが，大きな効果は得られなかった．

フランスでは，イタリア商品に対する敵意やイタリア人のフランスでの就労に対する抗議が強くなっていった．他方，イタリアでも，フランスでのイタリア人の就労が困難になることは恐れられた．両国のこうした共通する懸念から1904年4月15日に合意が形成された．その結果，次の四つのことが条約において合意された．

第一に，労働者の貯蓄を自由に移動できることが双務主義原則に基づいて保障された．この種の条約は既に1882年5月31日のフランス・ベルギー条約に

おいて締結されていた．第二に，労働災害補償における調印国双方の国民の両国における平等待遇が認められた．第三に，この条約は年金制度や失業給付等における相互協力について規定した．ところが，フランスにおける制度の不備等を理由として，実際にはほとんど有効ではなかった．第四に，条約は若年労働者や女性等の労働条件の改善や工場監督の強化等を盛り込んだ．

この条約は以後の二国間協定においても，しばしば援用された．1912年7月31日には，ドイツ・イタリア条約が締結された．労災補償に関して，両国民の平等待遇が約束された．工場労働者と農業労働者にこの条約が適用された．当時は社会保障の権利は労働条件の問題の一つとして考えられた．以後，次第に適用対象，適用制度が拡大され，調整手段も改善されていった．1925年のILO条約19号以降は，平等待遇，合算，案分比例等の手法が老齢年金のような長期給付に関しても規定されるようになった．

第二次世界大戦後になると，複数国間の条約が制定されるようになっていった．この場合，さらに三つの種類に区分できる．第一は，労働災害補償における平等待遇に関するILO条約19号および48号に典型的な批准が自由な国際条約である．賛同する国だけが自由に調印するもので，調印した場合のみ，それ以後法的に拘束される．欧州評議会の平等待遇に関する欧州暫定協定もこの種に該当する．

第二は，二ヵ国合意が多数国間で相互適用されるようになった事例である．1949年11月に結ばれたブリュッセル条約によってベルギー，フランス，オランダ，イギリス，ルクセンブルクの5ヵ国間での移民労働者の社会保障権利に関する条約が完成した．第三は，複数国間の合意を一度に確立してしまう自治的な協定である．スカンジナビア諸国の協定やライン川周辺諸国間の合意等がこれに該当する．

二国間，そして，多国間の協定はこの後も増え続ける．400以上の二国間協定があるといわれる．日本でも1999年に日独年金協定がはじめて成立し，2000年には日英年金協定が成立した．今後，日本も多くの社会保障協定を関

係国と締結していくであろう．日本だけでなく，国際化の波は社会保障の領域においても阻止することはできないであろう．こうした発展を受け，社会保障の調整に国際機関の介入が不可欠となってきた．

（2）国際機関による国際社会保障法の形成

社会保障の国際的な展開において，重要な役割りを担うのはやはり国際機関である．特定国の利害から距離をおいて，各国間で中立の立場から政策が展開できるのは国際機関しかない．典型的な国際機関として，ILO，欧州評議会，そして，EUの歴史を取り上げて，その歴史的経緯を概観しよう．なお，ILOとEUは，後で独立した章として比較的詳しく紹介する．ここでは，あくまで歴史的経緯のみを概略する．

パイオニアとしてのILO

世界ではじめて社会保障領域に関与してきた国際機関は，ILOであろう．1919年，ILOは国際連盟の成立を契機として創設された．ILOが国際的な社会保障の調整において果たしてきた役割りは非常に大きい．ILOの最初の関心事は，移民労働者の諸条件改善にあった．ワシントンで1919年に開催された国際労働会議では，外国人労働者の雇用国における国内法および諸法規に基づく給付を保障することを目的として，双務協定勧告2号が採択された．

1925年には労働災害補償平等待遇条約19号が採択され，批准国の国民とその扶養者が他の批准国において居住条件のような一切の特別な条件なしに労働災害補償給付が適用されることになった．調印国で労災補償制度を有していない国は，批准後3年以内にこの制度を創設しなければならないとされた．

1935年以降，ILOは社会保障の国際的な「整合化」のための政策を展開していった．1935年には移民の年金権保持に関する条約48号が採択され，複数国の社会保障制度の適用を受けながら労働生涯を経てきた移民が権利の喪失をきたさないようにするために，年金権の取得，各国間の年金の算定と送金に関

する規定が導入された．具体的には，この条約によって合算主義と案分比例主義がはじめて導入された．合算主義とは，複数国における社会保障拠出期間が合計されるものである．案分比例主義とは，当該国間で拠出期間に応じて各関係国の給付負担責任が分配されることである．この条約は公的基金以外の年金制度には適用されなかった．労働者が複数国の間で移動する場合，当該国の保険者は雇用期間中に獲得した積立を以前同じ被保険者が加入していた別の国の保険者に移管することが両国の合意の下に可能となった．

　この条約は社会保障の「整合化」としては最初の試みであったが，実際に批准する国は少なかった．また，批准後に破棄した国もあった．こうしたきわめて限定的な成果しか残さなかった条約であるが，これ以後は別の形で有力な社会保障の調整手段として活用されていった．48号条約は障害給付，老齢給付，遺族給付にのみ適用された．1939年の移民雇用条約66号と1949年のその改正法97号においては，より野心的な試みが行われた．これらの条約により，年金制度に限らず社会保障の主要な制度すべてについて，移民の権利を保護することが規定された．この条約は30ヵ国が批准し，その実際の効力も増した．

　社会保障制度の「調和化」政策については，ILOは社会保障の最低基準を設定することで，各国の社会保障制度の発展を促してきた．1919年から1952年にかけて，ILOは様々な社会保障制度ごとに最低基準を設定してきた．まず，1919年の失業条約2号，1934年の失業給付条約44号，1944年の医療に関する勧告69号，1952年の母性保護条約103号がある．1952年の社会保障の最低基準に関する社会保障条約102号は，それまで別々の条約において扱われてきたものを一つに統合したものである．

　1952年のILO条約102号では，社会保障を九つの制度に分類した．批准する国はこの九つの制度のうち最低三つの制度に関して最低基準を満たさなければならない．これによって，世界中の国が一つの基準に沿って社会保障制度を設立し，運営していく目安ができ，各国の制度は自然に接近化していった．

欧州評議会の誕生

1949年5月5日，ロンドンにおいて欧州評議会の設立に関する条約が調印された．その1条はその使命を「加盟国の社会的発展を導くことを目的とした加盟国間の統一を達成する」と述べている．この条約に基づいて，社会保障の分野においても評議会は活動してきた．

1949年に，欧州評議会に社会問題に関して審議する社会問題委員会が設けられた．翌年から委員会は加盟国間の社会保障協定の拡張適用を検討していた．既に加盟国間には，二国間，あるいは，複数国間での協定が存在していた．それらの協定を拡張していく可能性を模索していた．そして，1953年に暫定協定が締結された．これにより，調印国の国民すべてが他の調印国領土における国民と社会保障に関しても平等待遇を受けることが認められ，これまでの二国間協定，あるいは，複数国間協定の内容がすべての調印国国民においても認められることになった．ただし，ここでは公的扶助，公務員の特別制度，戦争犠牲者への給付等は適用対象から除外された．

さらに，1954年には社会扶助および医療扶助に関する欧州条約が成立し，合法的に居住する調印国国民は，社会扶助や医療扶助に関しても他の調印国において当該国民と同様の保護が保障された．最後に，1977年には社会保障に関する欧州協定が締結された．ここでは，社会保障の基本原則として，調印国国民の平等待遇，調印国間での諸給付の持ち出し，被保険期間の通算，案分制による給付負担等を設定し，この原則を即適用の枠組みとし，仮に適用不可能の場合は二国間，あるいは，複数国間の協定の枠組みで処理するという二段構えとなっている．

欧州評議会は「調和化」に関しては，実際の効力として大きな成果を残していない．だが，1961年に制定された欧州社会憲章と1964年に制定された欧州社会保障法典は，国際社会保障法において高く評価されている．まず，欧州社会保障法典はILO条約102号に類似しているが，賃金労働者だけでなく自営業者も含んだすべての国民を適用対象としている．さらに，ILOは三つの制度

について最低基準の遵守を求めていたが，この法典では六つ以上の制度が遵守されなければならないとした．

社会憲章は加盟15ヵ国で批准された．国際的には1948年の人権宣言，1966年の国連の経済的，社会的，文化的権利に関する国際規約と同様なものを欧州地域で完結させたものであり，1950年の欧州人権協定に対応する経済的，社会的法律に相当する．憲章では具体的に19の原則と19の保障される基本的権利について明記している．批准国は最低五つ以上を達成しなければならない．

ILOの「整合化」政策の進展

第二次大戦後，社会保障の「整合化」に関する行動が積極的に展開されていった．1956年の国際輸送従事者の社会保障に関する欧州条約は，ILO加盟の欧州諸国の批准に道を開き，その他の欧州諸国に正式承認への道を開いた．この条約は，国籍条項なしに本社が調印した国にある輸送会社の従業員であり，陸上，もしくは，海上輸送に従事する労働者で，複数の調印国で就労している者の社会保障の権利を保護するものである．そこでは，短期的なリスクである疾病，出産，労働災害，職業病，死亡（遺族保護）に関する各調印国間の法律の「整合化」を行うものであり，長期給付は対象外となっていた．ただし，ライン川周辺国の船員に関しては，既に別の協定が施行されているために同条約は適用されなかった．

EECの誕生からEUまで

EUは経済的な目的を追求する組織体であるが，その政策の一環として社会保障に関する行動も行ってきている．1957年の設立条約によって欧州経済共同体（EEC）が成立し，翌年から発効した．共同体は域内の労働者の自由移動を保障するため，その障害となる社会保障における不都合等を解決する方策を講じてきた．ローマ条約に基づいて制定された「規則」によって，社会保障の加盟国間での「整合化」が整備されてきた．

1958年の社会保障に関する「規則」3号，および，4号によって，加盟国間を移動する労働者の社会保障上の権利保護規定が確認された．1972年には両「規則」は改正され，「規則」1408／71と「規則」574／72となって，実質的に加盟国間の社会保障制度間の「整合化」を規定している．EUはILOや欧州評議会と性格の異なる組織であり，単なる規範的な作業に限らず実践的な政策を展開している．

　一般に，EUにおいて成立した法律に加盟国は拘束される．独自の裁判機関である欧州裁判所を抱えていることも他の国際機関と異なることである．成立した法律の執行が徹底するように加盟国をリードしていくことができる．加盟国は，国内法とEU法との間に矛盾がある場合には，EU法が優先され国内法の修正を余儀なくされる．

　EECは当初6ヵ国でスタートしたが，現在では加盟国は25ヵ国に達している．また，ごく近い将来にもさらに周辺諸国が加盟する見込みである．単なる地理的な拡大ではなく，EU自体がマーストレヒト条約，アムステルダム条約を経てより結束力を強めてきており，社会保障政策の影響度にも計り知れないものがある．

　まだ，具体的にはあまり進展していないが，EUは近年「欧州市民」の概念を強調してきている．これまで，EUの政策が経済的側面優先のため，社会保障に関しても「労働者」の自由移動の保護に集中してきた．そこで，労働者以外も含めた「市民」全体がEUの社会保障政策の恩恵に与れるように期待されている．実際に，まだ問題は残されているが，着実に成果を収めてきた．たとえば，医療サービスに見られるように，域内ではほとんど国境による不都合が取り除かれ，加盟国国民は他の加盟国において自国と同様に医療サービスの提供を受けることができるようになった．

近年の状況

　1980年には，一時的な居住者への医療規定に関する欧州協定が成立した．

この協定は調印した国の国民が同じ調印国に一時的な滞在をしている間に緊急に医療を必要とする場合に，医療費は協定にしたがって本国の医療機関によって後に償還することが認められている．つまり，該当者は他の調印国においても，自国の場合と同様に医療保護を受けることができる．

　欧州評議会では，1988年には，かつての社会憲章にさらに四つの新しい権利と原則が加えられた．対象範囲が拡大し，少しずつ充実してきている．他方，EUでもさらなる加盟候補国も広がり，地理的な拡大を遂げつつ，社会保障政策においても，かつての社会保険中心であった政策対象が高齢者，障害者，貧困者にまで広がりつつある．ILOは後述のとおり，発展途上国への貢献を一層強調するようになってきた．

参考文献
［1］ILO『ILO・社会保障への途』社会保障研究所，1972年
［2］保坂哲哉「国際社会保障思想の潮流」氏原正治郎他編『社会保障の思想と理論』総合労働研究所，1980年，所収

第4章 社会保障の国際比較

　社会保障の国際比較はこれまでもいろいろな方法で，また，いろいろな問題関心から行われてきた．経済学者は主として社会保障の財政，支給額，国民経済との関係等について統計を用いて比較分析してきた．法律学者は社会保障法の根拠，運用方法，適用条件等について比較法として分析してきた．制度論者は，社会保障の制度比較を展開してきた．その他，社会学，行政学，政治学等，多様な領域から比較分析が行われてきた．それなりに意味があることである．だが，こうした社会保障の国際比較研究に対して，疑問も少なくない．ここで指摘していきたい．

1 国際比較の前提条件

　社会保障の国際比較を行う前に，認識しておかなければならないことがある．各国の国内事情である．社会保障はきわめて新しいものであり，社会のいろいろな問題を解決するための一つの手段として具体化されてきた．各国各様の社会保障があるということは，各国が異なる国内事情から異なるものを社会保障に求めている結果であろう．結果として成立した社会保障の細かな点ばかり比較することより，もっと深い社会的要因まで考慮しなければ，各国の相違は理解できないだろう．

　本書は以下で社会保障の国際的な比較を行うが，それぞれの国が社会保障をどれだけ必要としているかも考えなければならない．すべての社会的な制度は，何らかの社会的な必要性に迫られて導入されたはずである．各国の社会が異なれば，ニーズも異なり，自ずと社会保障も異なるはずである．

社会保障の目的については第2章で検討したが，社会保障は貧しい人の救済と平等社会の形成に貢献する制度である．ところで，貧困の状況，不平等の状況は元来国によってかなり異なる．逆説的に言えば，はじめから貧しい人がいなくて，平等な社会であれば，社会保障を必要としないはずである．

豊かな社会と貧しい社会

社会保障の発展の如何にかかわらず，各国を概観すると豊かな国と貧しい国がある．社会保障の目的の一つが貧困者の救済にあるとすれば，初めから豊かな国は社会保障をあまり必要としないと言える．貧困者が多いのにもかかわらず社会保障が構築されていない国においては，貧困者はいつになっても社会的に救済されない．

貧困問題は，先進国においても過去の問題ではない．世界で最も豊かと言われるアメリカであっても，多様な形態で貧困問題が存在する．ホームレスは多いし，貧民街も数多い．

自由主義経済下においては，豊かになるのも自由であるし，貧しくなるのも自由である．一方に富裕な階級が形成され，同時に他方では貧困階級が発生していくのが，資本主義の本来の姿であろう．そして，その貧困問題を解決していくのが社会保障であり，すべての国民の合意の上で，社会全体でこれを支持しているはずである．

豊かさとは何か，近年，議論されることがある．経済力だけでは充分説明できない部分もある．面白い話がある．富の問題とは異なるが，ヨーロッパで描かれた童話の世界では非常に寒い世界ばかり描かれており，外で一夜を明かせば凍えて死んでしまう気候であった．だが，この話は熱帯地域や温暖な地方では成り立たない．貧しい子供が裸で海岸で寝込んでも死なないし，原生の果物でも食べて生活できるのである．南国では「マッチ売りの少女」や「フランダースの犬」のような貧しくて悲しい物語はかなり様相が違うようである．気候条件は，貧しさや豊かさをある意味では規定していると言えるかもしれない．

平等な国と不平等な国

　社会保障が所得再分配によって所得の平等化に貢献することを使命とするものとすれば，社会保障導入以前に各国の所得分配がどの程度不平等であったかが，各国の社会保障にとって決定的に重要な要素となる．もとより，富が不平等に分配されていた社会では社会保障への依存が強くならざるを得ない．他方，当初より比較的平等な社会にあっては，既に平等社会が達成されているわけであるから，社会保障の導入へのインセンティブは当然ながら弱くなるだろう．

　欧州のような厳格な階級社会においては，社会保障を強く必要とするものと理解できる．発展途上国も欧州以上に階級社会の場合もあるが，その構造は一握りの少数支配階級と圧倒的多数の貧困階級であったりすると，社会保障導入への合意形成は困難となることが予想される．欧州の場合は，産業化とともに労働者階級が形成された．労働することによって貧困から解放されていって，労働者階級は中産階級として比較的豊かになっていった．発展途上国には，この中産階級が未成熟の場合が少なくない．

　ある国が古くから平等な社会であったか不平等であったかは，その国の労働力の量と質，産業構造，もともとの富の蓄積等，多くの要因によって決まる．稲作文明においては，ほとんど村人全員が比較的貧しかったが，村落共同体の中で分業体制が確立されており，その内部ではみんなが比較的平等に収穫物を分配されたとも言われている．牧畜民のように個人や小人数でも営める仕事ではなく，稲作においては農民全体の連帯が確立されていないと村全体が危機に陥ってしまう．もちろん，農民の中にも階層性があったが，比較的小さかった．

　所得の配分の状況いかんが，社会保障という再分配のニーズを決定するとも言えよう．社会全体が決して豊かな国ではなくても，貧富の差が小さく，狭い所得差の中にほとんどの国民が属するような国では，社会保障への依存度が比較的小さいと言えよう．

　社会主義国は，理論的には国の富が国民に平等に配分されるはずであり，所得格差を是正するための社会保障制度は不要となる．言ってみれば，国家シス

テム自体が社会保障を折込済みとなっているはずである．

日本の事例

　さて，日本の場合であるが，しばしば特殊性が指摘されるが，日本ほど平等な社会は少ないように思われる．意識調査ではあるが，日本の国民の約8割は自分を中流階級に属するとみなしていると言う．また，実際に日本の所得分配は国際的に見てもかなり平等であると言われている．たとえば，賃金水準を見るとき，日本の大企業の社長と新入社員の給与格差は，他の先進国と比べものにならないくらい小さい．つまり，より平等な社会である．

　歴史的に見ると，日本には中世から士農工商という階級制度があった．だが，よく見ると，この階級構造は必ずしも所得のランキングを示しているものではなさそうである．武士にも気ぐらいばかり高くて貧しい武士がたくさんいたようである．農民は時代を問わず貧しかったように思われる．職人の地位はあまり高くなかったようであるし，所得も高くはなかったようだ．商人は階級の上では一番下ではあるが，金持ちも多かったように思われる．士農工商は富に基づいた序列ではなく，むしろ，名誉に基づいた序列であるようにも思われる．

　さらに，日本はもとより貧困問題があまり深刻ではなかったように思われる．農業自体は自然災害もあり，比較的乏しい生産力といえるかもしれない．だが，特に工業化以降の日本経済は順調であり，勤勉な日本人の大多数は適当な生活水準が確保できた．失業問題もこれまではほんとんど深刻ではなかったため，何らかの職業にはありつくことができ，最低限の所得は確保できた．したがって，日本は貧困問題はそれほど深刻には見られなかった．

　結局，日本は社会保障のニーズが比較的小さい社会であると言えよう．あくまで，他の国々と比較しての議論であるが．もしそう言えるとすれば，日本の社会保障が遅れていると言われることの理由の一つはこの点に求められるかもしれない．

2 国際比較の諸問題

社会保障の定義

　社会保障に限らず，国際比較研究を試みる際に常に問題になることは，まず，定義の問題であろう．「社会保障」が何を意味するか，この定義の問題から食い違ってしまうと，以後の具体的な研究内容すべてが有効でなくなる可能性がある．実質的には，「社会保険」を「社会保障」と認識している国と「社会保険」よりも「公的扶助」や「社会福祉」を重視して「社会保障」と呼称している国と，同じ土俵で議論できるとは思えない．

　「社会保障」の定義については，第2章で論じたが，これに限らず詳細な制度の議論においても同様の問題が生じることが多い．これほど極端な事例でなくとも，細かな制度に関しても定義の相違から基本的な理解の違いが常に存在する．こうした事例を挙げればきりがない．

　一つだけ事例を紹介しよう．医療サービスについてであるが，これを「社会保障」の範疇から除外している国が少なくない．他方，社会保険の一環として健康保険を運営しており，当然ながら医療を社会保障の一部と位置づけている国が多い．イギリスに典型的な国民保健サービスとして統括して医療サービスを運営している国も増えている．

制度運営の違い

　定義の問題と関連するが，各種制度の法的根拠と運営方法の相違が問題になる．たとえば，フランスのように失業保険や補足年金のような重要な制度を労働協約に基づいて運営している国もある．国の行う法定制度ではないので，正式には社会保障の範疇には入らないはずである．ところが，実質的には全労働者に強制適用であり，政府の補助もあって，給付も充実していて，物価調整も行われており，機能的には社会保障と同様とみなすことができる．

　さらに，労働組合や使用者団体が社会保障制度の運営にどれだけ関与してい

るかは，各制度の運営にとって決定的に重要である．日本のように行政主導で労使団体の関与は審議会等形式的な範囲に終始する場合と異なり，欧州の国々では程度の差こそあれ，労使団体がかなり実質的に関与している．というより，フランスのように政府の意志決定への関与が排除され，労使の合意で運営している場合もある．

　特定の国々で普及している共済制度の位置付けも難しいものがある．社会保障の一環とみなすべきか，民間の制度であるか，補足制度のような中間的な存在であるか．法定社会保障制度とは別個に，独自の法的根拠を持つ場合が多いようである．歴史的な経緯から，労働組合に限らず，いろいろな団体が社会保障およびその周辺領域に特別な制度を創り出しており，現在もその機能が継承されている場合が多い．

規範の違い

　そもそも，物事を評価する場合は，必ず評価の基準が必要であろう．社会保障を比較する場合でも，どういう基準に従って比較するのかが決定的に重要である．たとえば，社会保障の支給額が高いか低いかで比べた場合，支給額が高いことは良いことなのか，低いことは劣っていることを意味するのか．

　たとえば，A国はB国より年金支給額が高いとする．これによって，A国はB国より年金が，そして，社会保障が進んでいる国であると評価して良いのであろうか．単に，A国はB国より物価水準が高いだけかも知れない．B国では，社会保障の年金は支給水準が低いが，二階部分にあたる公的年金，あるいは，三階部分に当たる企業年金や個人年金が充実しているのかも知れない．そうだとすれば，一階部分の基礎的な年金だけで生活を保証する必要はないはずである．

　そもそも，支給水準が高いということは，逆に国民の負担率が高いということを意味する．多く負担して多く受給するか，少なく負担して少なく受給するか，いずれかに一つである．どちらが良いか，統一的な答えはだすことができ

ない．これは国民の価値観に従う以外ない．少なく負担して多く受給するということは，個人のレベルでは可能であるが，全体のレベルでは不可能な空想である．

日本では，スウェーデンのような充実した福祉施設や所得保障を羨ましく思っている人が多い．だが，所得の6割以上も税金でもっていかれる社会に住みたいという人は少ないであろう．この両面が福祉国家の本当の姿なのである．

いろいろな福祉国家があるが，各国には異なる国内事情がある．元来の国の豊かさ，階級構造，不平等度，政治構造，そして，社会問題自体が異なっている．社会が異なれば，そのニーズも異なるのである．各国に望ましい社会保障はそれぞれ異なるのである．それを一つのものさしで評価してしまうことは，危険なことである．

3 社会保障制度の国際比較の方法

各国はそれぞれ独自の歴史，文化，宗教，社会・経済情勢等に基づいて，オリジナルな社会保障制度を構築してきた．もちろん，共通する部分も多いが，独自色もまだ強く残されている．ここでは，制度として，社会保障制度の施行状況を国別に紹介していこう．

基本制度の有無

まず，社会保障の一般的な制度として，どのような制度が運営されているのかを概観してみると，多くの国々で基本的な制度がなかったりして驚かされる．たとえば，ILOに従えば，基本的な社会保障制度として，老齢年金，医療サービス，疾病給付，遺族給付，障害給付，母性給付，失業給付，労働災害・職業病給付，家族給付が挙げられる．この他，ILOは労働者保護のための機関であるため対象外となっているが，公的扶助も忘れてはならない．

表1は1999年現在でのILO条約102号の批准状況を示している．後述する

第4章 社会保障の国際比較 49

表1　ILO条約102号の批准状況

国名	批准年月日	2部 医療	3部 傷病	4部* 失業	5部* 老齢	6部* 労災	7部 家族	8部 母性	9部* 障害	10部* 遺族
オーストリア (b)	69.11.4	○	-	○	○	-	○	○	-	-
バルバドス (b)	72.7.11	-	○	○	○	○	-	-	○	○
ベルギー (a)	59.11.26	○	○	○	○	-	○	○	○	○
ボリビア (a)(b)(c)	77.1.31	-	-	-	-	-	○	○	-	-
コスタリカ	72.3.16	○	○	-	○	○	-	○	○	○
キプロス (a)(b)	91.9.3	○	○	○	-	-	-	-	-	-
チェコ・スロバキア (c)	90.1.11	-	-	○	○	○	○	○	○	○
デンマーク	55.8.15	○	-	○	-	○	○	-	-	-
エクアドル (a)(b)(c)	74.10.25	-	○	-	-	-	○	○	-	-
フランス	74.6.14	○	○	-	○	○	○	○	○	○
ドイツ (a)(b)(c)	58.2.21	-	-	○	-	-	○	-	-	-
ギリシャ	55.6.16	○	○	-	○	○	○	○	○	○
アイスランド	61.2.20	○	-	-	-	○	○	○	-	-
アイルランド	68.6.17	-	○	○	○	-	-	-	○	○
イスラエル	55.12.16	○	○	-	○	○	○	○	○	○
イタリア	56.6.8	○	-	-	○	○	○	-	-	○
日本 (a)	76.2.2	○	-	-	○	-	○	-	○	○
リビア (a)(b)(c)	75.6.19	-	-	○	-	-	○	○	-	-
ルクセンブルク (a)(c)	64.8.31	-	○	○	-	-	○	○	-	-
モーリタニア	68.7.15	-	-	-	○	○	○	○	-	○
メキシコ	61.10.12	○	○	-	○	○	○	○	○	○
オランダ (a)(b)	62.10.11	○	○	○	-	-	○	○	-	-
ニジェール	66.8.9	-	-	-	-	○	○	○	-	-
ノルウェー (b)(c)	54.9.30	-	-	○	○	○	○	○	-	-
ペルー	61.8.23	○	○	-	○	○	-	○	○	○
セネガル (a)	62.10.22	-	-	-	-	-	○	○	-	-
スロベニア	92.6.9	○	○	○	○	○	○	○	○	○
スペイン	88.6.29									
スウェーデン (a)(c)	53.8.12	-	-	○	○	-	○	○	-	-
スイス (b)	77.10.18	○	○	-	-	○	○	-	-	-
トルコ	75.1.29	○	○	-	○	○	-	-	○	○
イギリス	54.12.20	○	○	○	○	-	○	○	-	○
ユーゴスラビア (a)	54.12.20	○	○	○	○	-	○	○	○	○
ベネズエラ (a)(b)(c)	82.11.5	-	-	-	-	-	○	○	-	-
ザイール	87.4.3	-	-	-	-	○	○	-	-	-
マケドニア	91.11.17	○	○	○	○	-	○	○	○	○

(注) 1　○印は，当該国が批准にあたって採用した部門である.
　　 2　*印は，条約の規定により批准にあたって，そのうちどれか1つを採用しなければならない部門である.
　　 3　スペインの受諾部門については不明.
　　 4　(a)：業務災害給付条約（121号）の批准により，本条約の第6部及び関係規定は適用されない.
　　　　(b)：障害，老齢及び遺族給付条約（128号）の批准，各部の義務受諾により，本条約の対応する部及び関係規定は適用されない.
　　　　(c)：医療及び疾病給付に関する条約（130号）の批准により，本条約の3部及び関係規定は適用されない.

［資料］週刊社会保障編集部『欧米諸国の医療保障』法研，2000年，350頁

が，ILO条約102号とは社会保障の最低基準を設定しており，通常この条件を満たしていれば批准することになる．ただし，批准するかしないかは各国の自由な意思決定に委ねられている．また，批准しなくても必ずしも該当する制度がないとか，不充分であることを直接意味するわけではない．一応の参考資料として掲載した．

さて，この表によれば，批准国は36ヵ国であった．規定されている9つ全部の社会保障制度を批准しているのは，ベルギー，ドイツ，リビア，ルクセンブルク，オランダの5ヵ国だけであった．8つの制度を批准しているのは，ギリシャの1ヵ国，7つの制度の批准国は，コスタリカ，チェコ・スロバキア，フランス，メキシコ，トルコ，ベネズエラ，ユーゴスラビアの7ヵ国であった．北欧諸国では，デンマークは5制度，ノルウェーの6制度，スウェーデンの6制度であった．周知のとおり，日本は傷病，失業，老齢，労災の4制度のみを批准している．

アメリカ，カナダ，オーストラリア，ニュージーランドはこの条約を批准していない．また，多くのアジア，アフリカ，南アメリカ諸国もこの条約の批准に加わっていない．こうして見ると，社会保障とはいまだにごく限られた国々でしか施行されていないことが実感される．

さて，表1に戻ると，制度別に見ていくと，老齢が30ヵ国で批准されており最も多くなっている．続いて，労災が27ヵ国で多い．その他，傷病が24ヵ国，医療と遺族がそれぞれ23ヵ国，障害が22ヵ国，母性が20ヵ国，家族が19ヵ国，最後に，失業が最低で17ヵ国の批准となっている．労災が多いのはILOの性格を良く示していると言える．

各制度の具体的運用

続いて，社会保障の各制度ごとに，運用実態を具体的に概観してみよう．とりわけユニークな事例を中心に紹介していこう．

労働災害補償制度

　オランダとギリシャには，労働災害補償が制度として存在していない．両国には異なる事情があったようである．まず，ギリシャの場合，主要な産業は農林漁業であり，就業人口の多数が第一次産業に従事している．労災補償は当然ながら工業と密接な関係にある．職場の災害は歴史的に見れば，工業の発達とともに増えて行った．したがって，労災補償もこれに対応して発展していった．ところが，世界には典型的な工業国ばかりがあるわけではない．現在でも農業が産業の中心となっている国もある．もちろん，農業においても事業化すれば職場災害も見込まれるし，労災補償があっても不思議ではない．それでも，労災補償制度への社会的ニーズは著しく低いと言わざるをえない．未だに制度化されていないということは，逆に言えば，労災補償がなくても社会として著しい不都合が認められないということを証明している．

　他方，オランダにはまったく別の要因が見られる．実は，オランダは世界的にもいち早く労災補償を導入したのであるが，近年の国民的な議論の末，この制度を廃止にした．職場の災害による損害のみを，特別に高く補償するのは不公平であるとの主張である．職場の災害に限らず，どこで起こった災害に対しても平等な補償を提供すべきであるとの基本的な考え方である．これ自体，正論としか言いようがない．

　日本においては，過労死の労災認定が増加して注目を集めている．「業務上の過失」として労災が認定されるか否かは，犠牲者にとって非常に大きな問題となっており，そのための訴訟に莫大なお金と労力が費やされている．この背後には，労災適用の場合と不適用の場合とで補償金額に相当の格差があるからである．労災が適用されなくとも，通常の補償が十分な水準であれば，労災裁判は減るであろうし，労災自体も存在意義を失って行くはずである．

遺族給付制度

　デンマーク，ノルウェー，スウェーデンの北欧諸国をはじめ，遺族給付制度

自体が存在していない国々がある．基本的な制度がないということは，社会保障の発展が不十分であると受けとられやすいが，具体的にみていくと別の意味がある．これらの国々は，かつて遺族給付制度を運営していたが，議論の末に廃止した経緯がある．つまり，社会保障の遅れではなく，逆に，その先進性の現れとして遺族給付制度が廃止されたのである．

北欧諸国では，社会保障の多くの権利が世帯単位ではなく個人単位で構築されている．そこでは，たとえば，勤労経験のない専業主婦であっても，離婚した寡婦であっても，勤労婦人であっても，その雇用，婚姻，扶養者，所得水準とは関係なく基本的年金が保障されている．二階建て部分や三階建て部分の年金に関しては，遺族給付制度を温存させている場合もあるが，基本的な年金はこうした福祉的運用に従っている．

本来，遺族給付が存在するのは，社会保障に関しては夫が被保険者となり妻がその家族構成員となり，夫が亡くなる時に夫の権利を妻が引き継ぐ形となる．労働に携わり特定収入以上がある妻には夫の遺族給付が適用除外される．専業主婦が婚姻と関係なく個人の権利を認められていれば，遺族給付は必要ないことになる．

遺族給付の受給要件は国によって様々であるが，多くの国で死亡した者の年金への拠出期間や雇用期間を考慮している．ベルギー，オランダ，スペイン等では，死亡時に被保険者であれば，それだけで条件が満たされる．ドイツでは60ヵ月の被保険期間が，アイルランドでは156週間の拠出期間，イタリアでは5年間の拠出期間，ルクセンブルクでは12ヵ月間の拠出期間，ポルトガルでは36ヵ月間の拠出期間，イギリスでは25回の拠出が条件となる．

老齢年金

年金制度の構造は各国とも多様化の一途にある．まず，適用制度が職域を基本にしているタイプと地域を基本とするタイプに分けられる．前者に属するのが，ベルギー，ドイツ，ギリシャ，スペイン，フランス，イタリア，ルクセン

ブルク，ポルトガル等であり，欧州大陸諸国に集中している．ここでは，国によって異なるが，賃金労働者，自営業者，公務員等のように職域ごとに適用制度が異なる．いくつの制度に分立しているかは，国によって異なる．たとえば，フランスのように農業労働者には独自の年金制度を導入しているか，特定の職業集団に特別な年金を制度化しているか，によって年金の数も異なってくる．他方，すべての国民を対象に地域での年金加入を基本としているのは，北欧諸国，オランダ，アイルランド，イギリス等である．この場合は，通常，年金制度は一本化でなくてもかなり統合されている．

多くの国々で，年金制度は二階建て，三階建てとなっている．一階部分は政府が社会保障として運営する基礎的な年金となる．二階，三階部分になるにつれて，一般的には公的な性格が薄れていく．それでも，それぞれの年金制度の性格，法的根拠，運営方法等は国によってかなり異なる．

年金支給開始年齢については，まず，男女平等の観点から男女で共通する年齢を設定しているのは，デンマークが67歳，ドイツ，スペイン，オランダ，ルクセンブルク，イタリアが65歳，フランスが60歳となっている．アイルランドは変則で，退職年金は男女65歳で，老齢年金は男女66歳となっている．他方，ベルギー，ギリシャ，イギリスでは，男性65歳で女性60歳と男女差があった．ポルトガルでは，男性65歳，女性62歳となっている．これらの国々はEU法の影響もあって，男女の年金年齢を統一する過程にある．

最後に，受給要件として，多くの国々では加入期間を特定化している．ベルギー，オランダ，フランスでは最低加入期間は問わない．デンマークの国民年金では3年間，ドイツでは60ヵ月間，ギリシャでは4050日間，スペインでは15年間と56歳以前の156週間，イタリアでは15年間，ルクセンブルクでは120ヵ月間，ポルトガルも120ヵ月間，イギリスでは条件に応じて加入期間を設定している．

支給額については，各国の相違があまりに大きいので一概に総括できない．一階部分を基礎的な年金として定額制にしている国が多い．二階以上について

は，ほとんどの国々で所得比例制を採用している．支給水準についても，複数の年金の相互関係に依存する．一階部分の年金が比較的高い水準であれば，二階以上があまり必要ではなくなり低い水準になることがある．逆に，一階部分の年金が非常に低水準であると，二階，三階部分の年金が非常に充実している場合が多くなる．

医療給付

国が設立と運営の全面的な責任を負い，すべての国民（あるいは居住者）を対象として医療サービスを保障するような国民保健サービスを確立しているのが，イギリス，ポルトガル，オランダ，デンマーク，イタリア，アイルランド等の国々である．より多いのは，職域の健康保険制度を基礎にした医療給付を運営している場合である．アメリカは周知のとおり，公的健康保険が老人を除いて一般には制度化されておらず，自由診療に対応した民間保険制度に依存している特異な運営である．

ドイツとオランダは民間保険制度も近年になって進展しており，特定所得以上の者は民間保険に加入するようになっている．受給資格は特に設定されていない国が多いが，フランス，ギリシャ，デンマーク等では加入期間，あるいは，居住期間を条件としている．アイルランドでは「通常の居住」を，ベルギーでは最低拠出期間を条件としている．

障害給付

障害給付を社会保障の中でどのように位置付けるか，これも国によって異なる．日本では，年金の一つの給付形態となっている．障害給付を独立した給付制度として運営している国もある．健康保険の一部として運営している国もある．社会保険とは別に，単に社会福祉制度としてのみ運営する国もある．

制度が適用される最低障害率としては，ベルギー，フランスが66%，イタリアでは障害一時給付が66%で障害年金が100%，ギリシャ，デンマークでは

50%，ドイツでは労災が50%，一般障害は100%，ポルトガルでは33.33%，スペインも33%，オランダは25%，最後にイギリス，アイルランド，ルクセンブルクは障害の程度に関係なく適用される．

失業給付

失業保障の基本制度としては，失業保険制度を中心に国によっては失業扶助制度もあり，それ以外の失業者への特別な保護が制度化されている場合もある．失業保険制度のみで対応しているのは，イギリス，ルクセンブルク，ギリシャ，ベルギー，デンマーク，日本もそうである．オランダとイタリアは社会保険の枠内でかなり福祉的な制度を確立している．その他，失業保険と失業扶助の二本立てで運用しているのは，ポルトガル，アイルランド，フランス，スペイン，ドイツ等である．

適用対象は民間賃金労働者が一般的であるが，デンマークとルクセンブルクは自営業者にも適用している．デンマークでは，失業保険が任意加入を原則としており，資格や身分に関係なく本人の意思に基づいて誰でも加入できる．

各種給付制度の種類，支給条件，支給期間，支給額等は国ごとにかなり異なる．最近の失業期間の長期化によって，支給期間の延長への対応が問題となってきている．他方では，社会保障財政の再建策として，失業給付の削減が進められてきている．一つの形として，支給額が失業期間の長期化につれて減額されていくが，全体として長期間カバーするような運用をすることが多い．

特異な事例はフランスであり，失業保険制度が社会保障法の中に構築されていない．失業保険は全国レベルの労働協約として成立している．政府の介入を嫌う伝統が社会保障にも現れている．機能の面では，全賃金労働者に強制適用であり，ほとんど他の国の法定失業保険と遜色はない．ただ，労使交渉次第では制度の存立が危ぶまれる事態もありえる．実際に，その危機に瀕したことが何度かあった．

家族給付

欧州は各国とも家族給付制度は充実している．第一子から，ほぼ全就学期間中にわたり家族給付が適用されるのが一般的である．支給額は各国とも独自のスケジュールを展開している．スペイン，ポルトガルでは定額制度となっている．それ以外の国々では，子供の数が多くなるにつれて支給額も増えるように設定されている．また，オランダ，ベルギー，ルクセンブルク，フランスでは，同じ子供でも年齢が高くなるにつれて支給額が増額されていく方法を採用している．

生活保護

ギリシャ，ポルトガル，イタリアには全国的な生活保護制度はないが，それに代替する制度が何らかの形で制度化されている．生活保護の適用対象は，一般的には国民を対象としている．デンマーク等では，国籍条項に代わって居住条件のみで外国人にも生活保護が適用可能である．この他，難民，亡命者，無国籍者等には，通常，特別な配慮を加えている国も多い．フランス，オランダ，アイルランド，ベルギー，ドイツがこの事例に該当し，生活保護が適用される．

その他の給付制度

上記の他にも，各種給付制度が社会保障の一環として運用されている場合がある．たとえば，ドイツでは住宅手当や教育手当も社会保障制度として運営されている．ベルギーでは，有給休暇手当制度が社会保障制度として成立している．ILOの規定にもあるが，母性保護給付も社会保険の独立した一制度として組み込まれている場合が一般的である．日本では，単に，健康保険制度の中に出産手当が組み込まれているだけである．

また，新しい社会的リスクとして介護が大きく注目されている．日本でも介護保険が2000年から施行された．地震やその他の自然災害，さらに，人災としての暴力や犯罪犠牲者等への社会的保護が必要ではないかと主張されてきて

いる．既に，こうしたリスクへの対応を既存の社会保障に組み込んでいる国もある．この種の時代の新しいニーズに応じた新しい給付制度が今後も登場していくであろう．

参考文献
［1］平石長久他『欧米の社会保障』東洋経済新報社，1976年
［2］ケーム・コードル著，安積鋭二他訳『社会保障の国際比較』誠信書房，1981年
［3］足立正樹・樫原朗編『各国の社会保障』法律文化社，1983年
［4］田中浩編『現代世界と福祉国家』御茶の水書房，1997年

第5章　社会保障の国際モデル

　社会保障制度は国によって様々である．ここでは，各地域や国別に典型的な社会保障のモデルを提示していく．特に大国については，既に多くの専門的な研究書が蓄積されているので，詳細はそちらに譲る．ここでの紹介は，あくまで他の国々と比較した際に，当該国に特徴的である側面を強調していく．

1　社会保障の二大モデル

　古くから，社会保障には二つの基本モデルがあると言われてきた．イギリスのビヴァリッジモデルとドイツのビスマルクモデルである．ただし，この二つのモデルは歴史的な変遷が証明されているが，現在の特定国の社会保障制度が純粋にこのモデルに従っているというわけではない．つまり，社会保障の確立時期においては，独自の理念が鮮明に結実していったが，時代を経て改正が繰り返されてきた．確かに，他の国々と比べれば，両国ともこの伝統は残されているが，希薄になる一方である．

ビヴァリッジモデル

　イギリスは最も早くから資本主義が発達し，社会保障の取り組みも早かった．1601年のエリザベス救貧法は国家が全国的に行った最も古い公的な扶助制度であった．この救貧法の伝統に比べ，社会保険の成立は比較的遅れた．このことが，イギリス社会保障体系の様々な特徴に派生している．

　イギリス型の社会保障とは，ビヴァリッジの理念そのものである．つまり，ドイツのように職域主義をとらず，あくまで，地域主義を原則とする．居住す

ることで地域の行政を通じて，社会保障の適用を受けるのである．日本の国民年金や国民健康保険がこの原則に従っている．

　他方，拠出や給付の形態を見ると，定額主義に基づいている．拠出や給付は所得水準とは無関係に，一律定額で定められる．つまり，すべての市民が定額の拠出を行い，定額の給付を受給することになる．やはり，日本の国民年金がこれに従っている．すべての市民が負担できるようにするためには，当然ながら，額が低い水準の拠出とならざるを得ない．

　ビヴァリッジの理念は，その著書『社会保険および関連サービス』において詳しく解説されている．この著書は1942年の第二次世界大戦中に作成されたものであり，戦後の各国の再建に向けて模範とされた．したがって，実際にも多くの国々がビヴァリッジの理念に基づいた社会保障制度を構築していった．敗戦直後の日本においても，社会保障制度の導入に際して，ビヴァリッジリポートが参考にされた．

ビスマルクモデル

　イギリスのビヴァリッジモデルに対して，ドイツはビスマルクモデルが強調される．19世紀末に，ビスマルクは世界で最も早く社会保険制度を導入した．ビスマルクの社会保障理念の背景として次の点が挙げられよう．第一に，イギリスには遅れたが，資本主義が急速に発展し，労働者階級の形成が急がれ，他方では労働者保護の必要性が急激に増したことである．ドイツにおける社会政策論の展開は，まさに，労働者保護を意味していた．社会保険は労働者保護のための中心的な手段であった．第二に，ドイツにはイギリスのような救貧法の伝統がなかった．したがって，国家の力に頼らず，労働者が独自に社会保険という手段を用いて生活を保護するしかなかったのである．

　ビスマルクが採用した基本原則は，労働者保護に基づいた職域主義，そして，所得比例主義に準じた制度運営にある．ビスマルクに従えば，職場で労働に従事することで社会保険の適用が開始される．所得の一定割合が保険拠出となっ

て徴収される．このことは，逆に，労働者以外の所得のない者は，社会保険から除外されるという問題を内包する．

ビスマルクの理念は，欧州大陸諸国をはじめ多くの国々において採用されていった．特に，工業が発展した国々においては，労働者の保護が急務であり，ビスマルクモデルを導入しやすかったものと思われる．日本もその良い例であり，社会保障は職域ごとに普及していった．実は，国際機関も社会保障に関してはビスマルクモデルを想定していたといわれる．労働者保護を使命とするILOも，ビスマルクモデルを前提として，その政策を展開してきた．

戦後，各国が安定的な経済成長を経験してきたが，その際も産業の発展とともにビスマルクモデルに基づいた社会保険の発展への誘因が強かった．特に，発展途上国においては，一般に貧富の差が激しく，大多数の貧困者に社会保障への拠出を強制することは不可能に近かった．したがって，豊かで安定している労働者層において，真っ先に社会保険が普及していく場合が多かった．

二つのモデルの国際的な収斂化

ビヴァリッジモデルとビスマルクモデルは，社会保障の二大モデルとして世界中で参考とされ普及していった．経済成長の過程では，社会保障自体が多様なニーズに応じて全体として発展し続け，大きな政府の一翼をになってきた．社会保障体系は全体としては，複雑化しつつ，巨大化していった．その結果，もはや，特定国がいずれかのモデルに固執するようなことはなくなった．もはや，すべての国が二つのモデルを部分的に組み込んだ独自の社会保障体制を確立している．

かつて，資本主義社会と社会主義社会が，お互いの基本体制を堅持しつつ他者の長所を部分的に導入していくことで，世界の二大体制が収斂化していると言われた．これと同じようなことが，社会保障制度においても主張された．時代を経るごとに，ビヴァリッジモデルとビスマルクモデルが各国で接近してきたのである．

ビヴァリッジモデルとビスマルクモデルは，ともに長所と短所を持っている．両者は必ずしも競合する関係にあるとは言えなかった．むしろ，異なる機能を持ち，異なる目的に貢献するように考えられた．ビヴァリッジモデルは最低所得保障に適していた．ビスマルクモデルは所得保障を重視している．つまり，両者が一つとなって，一国の社会保障を構築していったのである．

イギリスにおいても，所得比例給付は導入されているし，職域給付制度も普及していった．他方，ドイツでは，逆に，最低保障として定額制度も導入されていった．たとえば，年金制度の構造を見ると，ほとんどの国において，二階建て，三階建ての構造となっている．その一階部分は多くの場合，定額の基礎年金が置かれ，二階以上では所得比例年金が機能している場合が多い．日本の事例もまさにこの典型的な事例に該当する．

2 社会保障制度の地域類型

社会保障は各国の国内事情，文化，歴史，社会構造，経済情勢，政治情勢，国民の価値観等，多くのものの影響を受けて，ある種の均衡の上に成り立っている．したがって，国が10あれば，社会保障も10種類あると言われている．だが，大きく他の地域と比較してみれば，いくつかの類型に分けることができる．

もちろん，同じ類型に属しても，詳細を見れば異なることは多い．たとえば，世界で最も社会保障が進んでいると言われている北欧諸国を例にとっても，ノルウェーとスウェーデン，デンマーク，フィンランドではかなり大きな相違があり，お互いに批判しあっている関係にあるようである．だが，まったく他の地域と比べれば，これらの国々はかなり共通する要素を持っていると言える．ここでは，そうした細部を扱わず，広い視野に立って地域的な類型論を展開していく．

北欧諸国型

北欧諸国に共通することは，一般的に社会保障が非常に発展していることであろう．より具体的には，社会保障に関して非常に高い国民負担が受け入れられ，その結果として非常に高い支給水準が維持されていることであろう．他の地域ではとても認められない水準の社会保障が，広く支持されていることである．

そして，北欧諸国に共通していることは，拠出制に基づいた社会保険方式を採用する他の欧州諸国と異なり，主として一般税収に基礎を置いた財政運営を社会保障においても援用していることであろう．ただし，制度によっては一部社会保険制度を活用している．

適用対象は広く設定されており，多くの場合，外国人も含め居住者すべてに普遍的に適用される．しかも，社会保険方式によるリスク別，制度別の適用資格や受給要件は大きな問題とならず，ニーズに応じて必要な保障がすべての市民に対して施行される状況となっている．社会福祉施設の充実ぶりは広く紹介されているとおりである．

社会保障の権利は個人単位が徹底されており，就労の如何，所得の多少，婚姻関係，男女を問わず，基本的な保障は個人の権利として確立されている．したがって，たとえば，北欧諸国では遺族給付は廃止されている．配偶者の社会保障の権利が扶養者の社会保険に従属的である場合に，はじめて遺族給付が必要となる．初めから，配偶者の権利と切り離されている北欧諸国では遺族給付は意味がない．

北欧諸国は「大きな政府」の実験でもある．社会福祉の担い手は公的セクターであり，公務員の比率が非常に大きな社会となる．この点，アメリカやイギリスが目指した「小さな政府」と逆方向を目指している．北欧で女性の労働力率が非常に高い大きな要因の一つは，こうした公的セクターが非常に多くの女性労働者を抱えていたことによる．

欧州大陸型

 社会保険の拠出原理を重視して社会保障を構築していったのが，欧州大陸諸国である．前述のとおり，ドイツのビスマルクが構築した伝統的な社会保険は，職域主義に立脚し，労働することで社会保険の強制適用の対象となり，所得に応じて保険拠出をして，所得に応じて給付を受けるものである．社会保険主義を重視したもので，労働生涯を通じて培ってきた権利が社会保険にも反映されている．

 まず，適用対象に関しては，職域をベースにしている．したがって，多くの場合，民間賃金労働者の一般制度，自営業者のための制度，公務員のための制度，国によってはフランスのように農業従事者のための制度等のように職域によって異なる制度が分立している．専業主婦や子供等は扶養家族として，家計支持者の社会保険に従属することになる．

 制度としては，リスクに応じて個別の制度が準備され，すべてが社会保険として包括的に機能している．通常，疾病，老齢，障害，遺族，失業，労働災害，職業病，家族，母性等に対応する各給付制度のほかにも，国によっては，住宅手当，教育手当，休暇手当等も社会保険の一環として組み込まれている．最近は，介護保険も加えられている．公的扶助や社会福祉サービスももちろん運営されているが，社会保険がかなりの程度福祉的な運用をしているために，比較的低調である．

 各種給付は所得比例を中心に組み立てられている．ここでは，年金制度において典型的であるように，従前所得に対する特定比率の所得代替を目指している．これは，明らかに社会保障の目的のうち，最低所得の保障よりも喪失所得の保障を重要視していることの現れである．こうした原則によれば，どうしても低所得者の保障は不備にならざるをえない．そこで，近年は別途，所得保障制度の枠内で最低所得保障制度も導入している国が多い．

イギリス型

イギリスの社会保障もその歴史だけでなく，一つのモデルにふさわしい形態を持っている．前述のとおり，イギリスでは定額拠出・定額給付で最低所得保障を重視した社会保障が基本となっている．救貧法の伝統から，イギリスは最低所得保障に手厚い社会保障を構築している．

また，有名な国民保健サービスの下で，社会保険とは異なり政府が直接医療サービスを全国民に保障している．医療機関は公立となり，医療従事者もすべて公務員となる．医療費は当初無料化されていたが，近年の財政事情から患者の一部負担が導入されている．医療サービスは社会保険とは切り離されて，財源はすべて政府負担となっている．これにより，地域に関係なく，また，職業や所得水準とも関係なく，規定の医療サービスをすべての市民が享受できる．国民保健サービスは，今では多くの国々で導入されている．

イギリスのもう一つの特徴は，国民保険に見出されよう．1911年に成立した国民保険は包括的な所得保障を行っている．退職年金，付加年金，医療，出産手当，失業給付，遺族給付，労働不能給付，保護者手当等を含む保険である．ドイツでは，社会的リスク別に社会保険制度が分立して成立したのに対して，イギリスではこのようないくつものリスクに対応する給付制度が一つの社会保険制度の中にうまく統合されて運営されてきた．

アメリカ型

アメリカは，やはり一つの社会保障の類型を表現している．世界一豊かな国，自由の国，アメリカのもう一つの側面は，ホームレスに溢れた社会であり，不平等度の高い社会である．アメリカでは老齢，障害，遺族を対象とした社会保険，そして，公的扶助は存在する．だが，医療に関しては包括的な政府の行う健康保険制度が長年の議論にもかかわらず，いまだに成立せずに自由診療を原則としている．

つまり，アメリカでは高い医療技術に対しては高い値段が，陳腐な医療サー

ビスには安い値段がつけられ，低所得者は医療を選ぶことができない．これによって，アメリカには世界中の優秀な医療技術者が集まっており，潤沢な財源を元にして医学研究が展開されていると言われる．公的健康保険がない以上，自衛のためには民間の医療保険商品を購入するしかない．ただし，高齢者を対象とした医療保障（メディケア）と貧困者を対象とした医療扶助（メディケイド）は制度化されている．

　一般に年金制度は世界的にも進んでいると評価されるが，それ以外の制度は先進諸国の間では評価は必ずしも高くない．レーガン政権以降，社会保障財政は削減され続け，小さな政府が標榜されている．

　こうした社会保障の遅れを補うものとして注目すべきなのが，私的な保障の発展であろう．民間保険事業は非常に活発であり，個人レベルや企業レベルで民間保険制度に加入することが多くなっている．特に，企業年金は充実しており，税的優遇措置だけでなく，制度終了への対応としての公的な再保険制度を導入したり，私的な制度を政府が手厚く支援してきている．

ロシア型

　社会主義政権下では，国民の生活の保護は国家の直接的な責務であった．社会主義の理論に従えば，社会保障とは修正資本主義の象徴であり，ブルジョア国家による社会改良政策の一環と位置づけられる．社会主義では，国家管理の下で社会問題は必然的に解決されていくはずであった．ところが，実際には社会主義体制の下にあっても，社会保障は重要な政策体系となっていった．社会主義下でも国民は必ずしも平等ではなく，社会的公正が主張されたし，貧困問題も存在していた．

　旧ソ連では，1964年にコルホーズ員年金手当法が成立した．東欧では，1968年にポーランドの勤労者一般社会保障法が，1975年にハンガリーとチェコスロバキアで社会保障法が制定された．西側諸国にかなり遅れながらも，社会主義国においても社会保障が次第に整備されていった．ただし，社会保障の

運用形態が西側とはかなり異なっていた．つまり，国民すべてが強制適用されるのは同じでも，労働者による拠出は強制されずに，政府がすべての財源を一括負担する完全な国家管理による社会保障であった．支給額や支給条件等は一切国家が決定した．

ところが，東西ドイツの統一に始まって，旧ソ連邦の解体，東欧諸国の社会主義国家の崩壊が実現し，東側諸国はまったく新しい社会保障を建設していかなければならなくなった．ところが，社会主義国家が終焉してやってきたのは，経済的混乱であり，経済不況が蔓延し大量失業者が発生した．西側諸国と比べて競争力が弱く，産業も不調のままである．

周知のとおり，年金制度が成熟化するのには30年間かかるといわれている．失業基金をはじめ，今後基金を形成しなくてはならないはずなのに，当初から経済不況により社会保障のために財源を割くことが困難となっている．次第に，貧困問題も深刻化してきている．充実した社会保障体系が確立されるまでにはまだ時間を要するようである．

発展途上国型

社会保障は先進国のもののように考えられることがある．だが，貧困問題がより深刻で，国内の富が非常に差別的に分配されているのは発展途上国の方である．社会保障の目的を考慮すれば，発展途上国ほど社会保障を必要としていると言えよう．数の上では，先進国よりはるかに発展途上国の方が多い．こうした国々の社会保障を軽視するわけにはいかない．

さて，発展途上国といっても様々である．僅かな特権富裕階級と圧倒的多数の貧困庶民階級とで成り立つような社会にあっては，社会保障は成立しにくい．富裕階級は既に富を独占しており，社会保障を自ら必要としないし，財政負担できるのは彼らだけであるので，社会保障の導入は彼らの富の没収を意味する．多くの発展途上国において，未だに社会保障制度が成立していない．

他方，近年になって発展途上国においても社会保障を導入している国が増え

ている。いち早く ILO 条約 102 号を採択している国もある。社会保障が成立するためには，その前提として，労働法による近代的な雇用関係が確立されていること，国民の間に連帯の原理が合意されていること，そして，行政当局も管理能力を十分に備えていることが必要となる。

日本型

　国際的には，「日本型」なるものが意識されることはあまりないように思われるが，日本の社会保障も非常に特徴的であり，ここで一つの類型として掲げたい。社会保険重視の点では，ビスマルク主義が根強いように思われる。まず，職域ごとに制度化されたこと，リスク別に社会保険制度が分立していること，所得比例給付が中心であることを想起すれば，完全に欧州大陸型に近いと判断できよう。だが，戦後日本はビヴァリッジリポートを参考に社会保障を構想してきた。国民健康保険や国民年金等においては，明らかにイギリス型を採用している。

　だが，全般的には，社会保障は特に欧州の先進諸国と比べて後れが目立っている。特に社会福祉サービスについては，不十分である。健康保険については，早くから整備され，国民皆保険が実現されている。年金も支給水準を国際比較すれば，決して低くはない。ただ，男女平等待遇の後れ等のように，改善を望まれる点も多い。

　他方，日本はアメリカと同様に資本主義が発達している国でもある。民間保険産業もアメリカに劣らず活発である。生命保険に関しては，アメリカ以上の資産を保有しており，一人当たりの保険契約高でも世界一である。また，貯蓄率では，アメリカと異なり，世界でももっとも高い国の一つである。さらに，企業福祉が非常に発展していることであろう。欧州とも，アメリカとも異なる一つの類型を成している。

　企業福祉の一環として，日本の企業はかなり企業内福利厚生に支出している。それ以前に，日本の賃金形態自体がある意味で非常に福祉的である。日本では

深刻な住宅問題があるが，企業は独身寮や社宅を所有して従業員に提供している．また，賃金の一環として住宅手当も制度化されている．これは企業にとってはかなりの費用負担である．ドイツ等のように，住宅手当を社会保険給付として運用している国もある．

さらに，日本の児童手当は適用対象，支給額，どれをとっても不備であることは否定できない．ところが，日本では公務員も含めて賃金の一部として扶養手当がある．配偶者への手当の他に各児童，さらに，親族をも対象としている．社会保険の児童手当よりはるかに充実している．通常，他の先進国ではこうした慣行はなく，家族給付と称して児童への手当があるのみである．

3 福祉国家の類型論

近年，福祉国家の類型論が盛んである．多くの論者が，それぞれの手法と判断基準に基づいて，多様な類型化が試みられてきた．その代表的な論者が，エスピン・アンデルセンであろう．彼の著作が火付け役となって，その後の多くの議論を引きだした．ここでは，彼の福祉国家レジームの三つの類型を紹介しよう．つまり，自由主義的な福祉国家，コーポラティズム的な福祉国家，そして，社会民主主義的な福祉国家である．

自由主義的な福祉国家

最低限の普遍的な所得移転を行うもので，ミーンズテストを前提とした公的扶助や最低限の社会保険を施行するレジームである．伝統的な自由主義的な労働倫理が強く，労働しないで福祉に依存するような行動は厳しく抑制されている．つまり，各給付制度の受給要件が厳しく，受給する場合も支給水準が比較的低い．福祉に依存できない反面，市場志向が強まる．自助努力が奨励される．

エスピン・アンデルセンによれば，脱商品化効果が最小限であり，市民の社会権はかなり制約されている状況にある．市民の間では市場において能力に応

じた福祉が展開されている．階級制を温存させるシステムであり，二重構造が成り立っている．この類型に該当する典型的な国は，アメリカ，カナダ，オーストラリア等である．

コーポラティズム的福祉国家

　保守主義的でコーポラティズム的な福祉国家とは，自由主義に固執せず，市場の効率や商品化を重視しない．逆に，市民の社会権を広く保障していくもので，職業的地位が維持される．福祉は市場に委ねるのではなく，国家の責任とされた．私的保険や職域の福祉制度も限定的な役割を果たす．

　家族制度に関しても，伝統的な機能を維持することを強調した．家族が福祉的な機能を果たすことを前提として，国家の福祉プログラムはそれを補完するものとして位置付けられた．社会保険方式が強調され，そこでは，専業主婦を支給対象とすることに否定的で，母性保護給付や家族給付が重視される．この類型に属する国は多く，フランス，ドイツ，イタリア，オーストリアをはじめ，欧州の大陸諸国の多くが該当する．

社会民主主義的福祉国家

　最低限のニーズを基準とした平等ではなく，最も高い水準での平等を追求する社会である．国家と市場，労働者階級の二重構造が生み出されることを回避する．つまり，普遍主義の原理と社会権の脱商品化が新たな中間階級にまで影響を及ぼし得る社会となっている．すべての階層が同一の普遍的な社会保険制度に統合される．市場の影響を避け，市民の連帯が構築されている．

　すべての市民が福祉制度の恩恵を受け，国の福祉に依存し，また，これを進んで支えようとする．伝統的な家族からは解放され，家族の抱えるコストやリスクは社会によって負担され，保障される．個人の自律を尊重し，国家は絶大な責任を負う．この類型に該当するのが，スカンジナビア諸国である．

類型論の意義

福祉国家の類型論は,非常に活発化した.問題はどのような尺度で分類するかという点につきる.どういう要因を重視するかによって,どの国がどの類型に位置付けられるか異なってくる.たとえば,日本はどの類型に位置付けられるのか,決して容易ではない.自由主義的なタイプの性格とコーポラティズム的なタイプの性格を部分的に併せ持つようにも思われる.

そもそも,予め仮説に従って規定された類型の特徴に,実際の各国の状況がすべてうまく当てはまるとは思われない.逆に,この種の類型に多くの事例を当てはめていく作業においては,かなり強引な理解に基づいている場合も少なくなく,疑問が残ることもしばしばである.

加盟国の社会保障制度の調整を進めているEUにおいて,加盟国間の相違が大きいというのが共通認識となっている.そこで,各国間の相違を尊重した上での「整合化」政策が,各国制度の統合を目指す「調和化」政策より重視されるのが,EU社会保障政策の基本をなしている.

さらに,かなり精緻な類型化が成功したとしても,それが何に応用できるのか必ずしも明らかではない.つまり,類型化研究の目的は何か.何の役に立つのか.単なる学術的な探求なのであろうか.たとえば,本書のような国際社会保障論として,類型論をいかに活用できるのであろう.類型論の研究者の多くは,詳細な制度研究は敬遠し,非常に大きな指標を振りかざすだけのように思われる.

制度学派の研究者としては,詳細な制度研究こそが,国際化への客観的で実質的な研究を支えるものと考える.たとえば,ILOは発展途上国を中心として世界中の国々に社会保障制度を普及させることが目的であり,EUは加盟国の社会保障制度間の「整合化」をはかり,国境を越えて移動する労働者に社会保障領域において不利益をもたらさないことが目的である.こうした具体的で実質的な目的に貢献できるのは,詳細な制度研究であろう.

参考文献

［1］岡澤憲芙・宮本太郎編『比較福祉国家論』法律文化社，1997年
［2］埋橋孝文『現代福祉国家の国際比較』日本評論社，1997年
［3］久塚純一『比較福祉論』早稲田大学出版部，1999年
［4］阿部志郎・井岡勉編『社会福祉の国際比較』有斐閣，2000年
［5］エスピン・アンデルセン著，岡沢憲雄・宮本太郎訳『福祉資本主義の三つの世界』ミネルヴァ書房，2001年

第6章 国際化に伴う社会保障の問題

　社会保障は，きわめてドメスチックな発展を遂げてきたことは既に述べた．世界経済がグローバル化し，労働者も国際的に移動する時代にあっては，そのドメスチックな社会保障は多くの問題を生起させてきた．これらの問題には社会保障の各制度に共通するものもあるが，制度によって固有の問題もある．この章では，こうした問題を具体的に整理したい．

1　一般的な問題

社会保障の不適用

　国際化によって生じる社会保障における問題とは，最終的には社会保障の不適用ということになる．あるいは，仮に適用されるとしても，支給額が少ないとか，何らかの不利益をもたらすことが問題となる．本来想定されてこなかった状況下にあるため，社会保障制度の適用要件を満たさなかったり，あるいは，適用されていたが受給要件を満たさないことも有り得る．

　いろいろな場合が起こり得る．社会保障が強制適用されていたにもかかわらず，受給要件を満たさないために給付が受けられないのは，最悪の事例であろう．たとえば，受給要件に現在の居住が条件となる場合もあろう．過去に社会保障制度に強制加入させられても，現在他の国で生活する者には適用しない場合もあり得る．

　ただし，一つ注意すべきことは，後述のような国籍による差別と国籍差別ではないが結果的には国籍差別と類似する結果になる措置の区別である．欧州の多くの国々では，もはや，社会保障に関して国籍による差別は存在しないのが

一般的である．ところが，外国人の滞在期間が短かった場合など，被保険者期間が不足して受給権が認められない場合がある．これは国籍による差別ではなく，国民の間でも存在する不適用の問題である．理由は違っていても，結果としては，多くの外国人が適用除外されているのと同じである．

社会保障制度の重複適用

社会保障の不適用と逆の場合もある．複数の国々を渡り歩いた労働者に，複数国の社会保障制度が同時適用してしまう場合もある．この場合は，該当者にとっては必ずしも問題とはならないかもしれない．複数の国から現金給付を重複して受給する場合，それぞれの当時国が国内の法律に従って関連給付を支給する．社会保障給付には，特定制度において最低保障額が設定されている場合もある．したがって，場合によっては，従前所得以上の給付総額が複数の国から支給されることも有り得る．

国際社会の視野からすれば，これは明らかな不合理である．当該国間の調整が施されるべきである．複数国間にまたがる適用がある場合，各国の責任分担が明確化される必要がある．権限を持つ国際機関しか，このルールを構築することはできないだろう．実際には，各国の自治に委ねられ，各国の国内ルールにしたがって，適用・不適用，そして支給額等が決められている．

地域主義と職域主義

社会保障の二大モデルであるビスマルクモデルとビヴァリッジモデルでは，社会保障の適用の方法も異なる．ビスマルクモデルでは，雇用契約と同時に職域の社会保障制度への加入を余儀なくされる．他方，ビヴァリッジモデルに従えば，社会保障は地域の行政において適用されるものであり，職場とは関係なくなる．この二つの異なる適用方法が近隣諸国で施行される場合，国境を越えて移動する労働者はしばしば大きな障害に直面する．

事例を紹介しよう．デンマークとドイツは隣国であり，同じＥＵ加盟国とし

て労働者の自由移動が認められている．デンマーク人Aさんはデンマーク内に居住し，昼はドイツで就労している．逆に，ドイツ人Bさんはドイツ国内に居住しながら仕事場はデンマークである．さて，周知のとおり，デンマークは典型的な北欧スタイルの社会保障であり，地域主義に基づいて社会保障が適用される．他方，ドイツは当然ながら職域主義に基づいて社会保障に加入することになる．そこで，AさんとBさんの場合に戻ろう．Aさんはデンマークに居住しているためデンマークの社会保障の適用を受け，他方でドイツで雇用されているためドイツの社会保障にも適用されることになる．Bさんはドイツで労働に従事していないためドイツの社会保障の適用をうけられないで，さらに，デンマークには居住していないためデンマークの社会保障の適用からも除外される．したがって，Aさんは二つの国の社会保障が重複適用され，Bさんは両国の社会保障とも適用されないで無保障になる．

　島国であるため日本の感覚では，居住する国と労働する国が異なるという状況は想像しにくい．ところが，世界的に見れば，それほど稀な事例ではないのである．陸続きの国々においては，国境周辺労働者として，こうした状況下にある者は決して少なくはない．労働者だけの話ではない．入り組んだ国境周辺では，自国の医師よりも隣国の医師の方がずっと近い場合も珍しくない．急病患者などが出た時には，隣国の近い医師の診察をお願いすることが人命救助の視点からも重要となる．

国籍条項

　社会保障制度の適用に際して，適用の対象が国民に限定される場合がある．日本の場合も，憲法25条は「すべて国民は，健康で文化的な最低限度の生活を享受する権利を有する」（傍線著者）と述べ，これに基づいて生活保護法以下の社会保障法が構築されている．つまり，日本の社会保障は日本国民の生活を保護するのが使命であり，日本人以外の国民はその対象とならないと解釈されることになる．

この説明として，国民が負担する税金によって社会保障が成り立っているので，外国人にはその受給権がないということが言われることがあった．だが，外国人であっても居住すれば，当該国民と同様に税金を徴収されているはずである．課税だけは平等に請求し，その使途である社会保障は国民だけというならば，これは到底正当化されないであろう．たとえば，初めから3年間しか滞在しないとわかっている外国人労働者に対して，10年以上拠出しないと一切の年金受給権が認められない制度を規定する国が，それでも3年間の年金加入と拠出を強制するのであれば，これは当然ながら正当性が理解されない．

居住要件

国籍条項に次いで，受給資格として居住要件が設定されているのが一般的である．ここでは，二つの時点で問題が生じる可能性がある．第1に，これまで当該国に特定年数以上居住したことが，受給権付与の条件となる．つまり，最初の受給権付与に際しての資格審査の段階である．通常，国内に何年以上居住しており，申請時現在も居住していることが条件となる．

第2は，受給権の保持に関する問題である．今度は年金制度のように一度年金の受給権が認められた場合でも，国外に転居していった場合にもその年金受給権が保持されるか，あるいは，支給停止となるかといった問題となる．国内で獲得した権利であるが，受給するのも国内に居住していなければならないと規定すれば，国外居住者は適用ができなくなる．

また，より詳細な点であるが，ここで「居住」とは具体的に何を意味するのかが問題となる．その内容次第で受給のしやすさが決まってしまう．ここでも，二つの段階でかなりの相違が予想される．第1の最初の受給権付与の場合であれば，過去10年間に5年間以上というように，特定期間中の居住期間で設定する場合がある．さらに，「居住」とは，実際にそこに住んでいた期間を厳密に特定化するのか，それとも，行政手続き上の住民登録の期間をもって居住期間とするのかによってもかなり異なることになる．

第2の権利保持の場合，年金の「現況調査」のごときものとなろう．ここでも，具体的にどの程度の「居住」要件が課されるのか，大きな問題となる．文書手続きだけで済むのか，出頭してチェックされるのか．チェックされるとしても，1年にこの時だけ，当該国に居住すればクリアできるのか．それとも，実質的にフルに年間を通しての居住が検討されるのか．

国外への送金

社会保障給付は海外に送金できるのかも，非常に重要な点となる．ここでも二つの場合が区別されよう．一つは，当該国民で海外滞在中に何らかのリスクに陥った場合であり，本国の社会保障給付が海外のその国民の下に送金されるのか，という問題である．短期的なリスクであれば，本国に帰ってから遡及して適用を受けられるのか問題となる．長期のリスクであれば，やはり，海外への社会保障給付の送金の可能性が問われる．たとえば，海外で事故に遭遇して重症となり，海外で長期療養に入らざるを得ない場合，医療費償還，傷病手当金，あるいは，失業保険給付，場合によっては年金等は海外まで送金されることができるのか．送金という手続きの問題だけでなく，制度自体の適用が認められるのか．

もう一つは，当該国で長年労働に従事した結果として社会保障の受給権を獲得したが，本国に帰国した後もその受給権が保持できるのか，という問題である．ここでも年金が想像しやすい事例となる．年金権の保持，そして，支給手続きの問題となる．海外に出る場合には，一時金の形で清算を余儀なくされる国もあろう．遺族年金や障害年金の場合も，同様の問題となろう．

2 ｜ 制度別の問題

老齢年金制度

通常，老齢年金においては，受給権が認められるためには，特定の雇用期間

あるいは被保険者期間か拠出期間が要件として課される．日本では25年間以上の被保険者期間が，受給資格要件となっている．ところが，外国人労働者の場合，通常かなり短い期間の雇用が一般的であり，受給権を満たすことができない場合が多くなる．

たとえば，本国での労働の後で，ドイツで5年，フランスで6年，イタリアで7年，と渡り歩いたアフリカ出身の労働者であれば，年金年齢に達した時，どこの国の年金制度も受給要件を満たさないという事態が発生してしまう．個人としては長期間に労働に従事したにもかかわらず，各国の規定の狭間にあって，無年金者となって老後の保障がなくなる場合がある．これは，労働者の国際移動にとっては大きな障害である．

前述のとおり，受給権の取得の段階での問題の他に，年金受給を既に開始している者の本国帰国や海外居住が年金権保持の障害にならないかが，別の問題となろう．発展途上国から先進国にやってきた外国人労働者であれば，先進国の老齢年金を母国で受給することができなければ，本国に帰っても生活保障されないことになる．

医療サービス

医療サービスには，現物給付と現金給付とがある．まず，現物給付に関しては，海外で受けた医療費が本国の医療保障制度によって償還されるかという問題，そして，外国人に当該国の医療現物給付が適用されるかという問題の二つがある．後者の場合は，現在当該国に居住しているわけであり適用もそれほど問題とはならない．健康保険であれば，国籍に関係なく適用されるのが一般的である．ただ，国によって待機期間を設定している場合があり，その期間中は制度の適用を受けていても支給が開始されないことになり問題を残している．

さて，同国人の海外での医療サービスの適用に関しては，まだ，問題が多い．健康保険にしても国内の医療機関での診察や治療を前提としている．海外での医療行為に関しては，通常は日本でも適用されない．たとえば，日本国内では

なかなか実現できない医療行為を海外で行った場合でも医療費の償還は行われない．周知のとおり，臓器移植等のためアメリカ等で手術を受ける事例がボランティアに支えられ，募金活動によってようやく実現したという事例が最近多く報じられている．これは，日本国内の法律や医療体制の不備によって海外での手術を唯一の生命救済の手段とするものであり，本来であれば，日本の医療保障が適用されるべきであろう．

現金給付の海外適用もなかなか難しいところがある．日本でも，健康保険には医療費償還制度に加えて，傷病手当金が所得保障として機能している．外国の医療機関に入院しても，療養期間中の所得保障として日本の制度が適用されることはできない．仮に，海外での医療行為が問題なく適用されるとしたら，物価の安い国の最高の病院を選んで，本国の現金給付をより有効に生かす方法を患者が選択することもあろう．既に，欧州では指摘されている「社会保障旅行」と呼ばれる一種の悪用の対象となっている．

失業保険

一般的には，外国人労働者は雇用機会が見出せたから存在するはずであり，失業とは無縁のようにも思われる．だが，最初は雇用機会があっても，例えば，不況や企業の経営悪化による合理化に際しては，真っ先に解雇される対象が外国人であることも確かである．また，外国人労働者本人も数年の労働経験を経て当該国に慣れてきた折，本国に帰っても雇用機会がない場合が多く，帰りたくても帰れない状況に陥る場合が多い．外国人労働者にとって，失業給付は非常に大切な制度となろう．

さて，失業給付に関しては，失業保険を中心にしながらも失業扶助や関連制度がいくつか準備されている場合がある．失業保険は外国人であっても国籍とは関係なく拠出期間等の要件を満たせば適用されると思われるが，失業扶助等においては外国人にとっては障害となる可能性がある．

失業給付のもう一つの問題は，海外への適用である．つまり，ある国の失業

者が国内での就職の困難さから近隣諸国での雇用を求めて移住する場合，本国で受給していた失業給付がそのまま期間満了まで支給を継続できるのか，という問題である．この点では，EUが先行事例となる．域内の労働者の自由移動を促進させる目的から，失業給付も外国への送金と海外での求職活動が認められている．だが，失業保険給付は国内での失業者の求職活動を前提としており，外国への適用は難しい状況にあるのが一般的である．

労働災害

　労災保険は，おそらく適用の状況ではもっとも外国人に寛容な制度となっている．日本でも，労災は国籍に関係なく適用事業所で働く者すべてに適用されることになる．したがって，労災での問題は，海外に移住した場合の権利保持が大切になろう．たとえば，ある国で労働に従事して労災に遭遇して障害者になった外国人が労災の障害年金を受給する場合，本国に帰国したいが帰国すると受給権を喪失してしまうという事態も想定されよう．

　別の側面であるが，実は外国人労働者の労災件数は非常に多いことがわかっている．これは，言語の違いによるコミュニケーションの欠如，職場習慣の相違等の理由による．そして，その際，無視できないことは，非合法就業外国人の問題である．正規の労働資格を持っていない闇労働がどこの国においても拡大している．不法就労者には，社会保険も適用できないはずである．したがって，非常に危険な労働環境で劣悪な労働条件下で外国人が働かされ，労働災害に際しても何も保障されない場合が多くなっている．最近は，滞在資格を持たない不法就労の外国人に対しても，人道主義の立場から労災補償が適用された事例が新聞紙上でも報じられた．

　日本では，日本の企業で海外の法人に従業員を派遣する場合，日本の労災制度の継続的な被保険者となる特別加入制度が準備されている．ただし，実際には，適用状況は低調のようである．民間の損害保険制度に加入する場合が多いようである．

家族給付

家族給付は，先進諸国において典型的に発展している制度である．問題は先進国にやってきた外国人家族を対象に家族給付が適用されるかということである．通常，居住を条件として外国人児童に対しても家族給付が適用されるのが一般的である．だが，大きな問題は，本国に残してきた子供達に対して父親や母親が現在労働し居住している国の社会保障から家族給付が適用されるのか，ということである．

通常，発展途上国出身の家庭は多産家庭が多いと言われる．他方，先進国ではかなり前から少子化が進行している．つまり，家族給付制度は当該国民から外国人への所得再分配を意味すると批判されている．まして，外国に居住する児童にも当該国の家族給付が支給されるとしたら，先進国の富が自然に発展途上国に流れ出ることになる．家族給付制度が世界でも最も発展しているフランスはこうした理由から，国外への家族給付の適用を廃止した．

公的扶助

上記の社会保険制度と異なり，公的扶助制度は国際化の影響は少ないはずである．国際移動するのは労働者のはずである．公的扶助の受給対象者は，特別の事情がない限り，外国での受入れは認められないはずである．つまり，雇用機会が与えられ，賃金が保障されている者のみが労働者として国際移動するわけであり，彼らは当面は公的扶助とは関係ない存在となる．ところが，実際には入国後に突然失業したり，事故に遭ったり，何らかの理由で就業機会を失い貧困に陥ることは稀なことではない．その際は，外国人もやはり公的扶助が必要となる．だが，社会保険制度に比べて，公的扶助は外国人への適用がより厳しいと言われる．

公的扶助制度においては，別の問題もある．そもそも，公的扶助制度自身が世界的にはまだ整備が遅れている国々が多い．欧州においても，南ヨーロッパ諸国をはじめ，一般的な公的扶助が確立されていない場合がある．また，国に

よっては，中央政府の行う制度としてではなく，地方自治体が個別に同様の扶助制度を当該地域限定で行う場合もある．つまり，外国人への適用も中央政府が決定できない管轄に立ち入ることもある．

参考文献
［1］佐藤進『国際化と国際労働・福祉の課題』勁草書房，1996 年
［2］高藤昭『外国人と社会保障法』明石書店，2001 年

第2部
国際社会保障政策

　社会保障の主体は各国政府である．それ以外のいかなる組織も直接社会保障を施行するものではない．第1部は，そのことを重視して，各国政府の行う社会保障を取り上げて論じてきた．国際比較においても，やはり各国政府が主体であった．つまり，国際社会保障の基本的な部分を論じたのが第1部であった．

　第2部が取り上げるのは，国際機関や各国間の関係である．ここには，第1部とまったく別の空間が存在する．第2部では，国際的な社会保障政策を論じる．本書のテーマである「国際社会保障論」の中心もこの第2部にある．

第7章　社会保障の国際関係

三つの次元

　社会保障の国際化に対して，法律によって解決が模索されてきた．国内完結で行われてきた各国の社会保障制度が，国際化の時代にあっていろいろな問題を生じてきた．こうした問題を解決するのは，やはり法律である．国際的な社会保障の取り決めであり，所謂「国際社会保障法」によるものである．

　その結果，「国際社会保障法」と称される学問領域が形成されてきた．欧州の大学では，「国際社会保障法」や「欧州社会保障法」と題する講義もあり，書物も少なくない．一つの学問領域として体系化されている．また，学問のレベルだけではなく，現実の問題として実際に国際社会保障法は機能している．ここで，「国際社会保障法」の全体像を明らかにしていこう．

　通常，社会保障法は国内法の一部である．一国の境界を越えて社会保障が関係する場合に，適用される法律を国際社会保障法としよう．すると，国際社会保障法には，三つの次元があると思われる．第一は国内法のレベルである．第二のレベルは二国間協定のレベルである．そして第三としては，国際機関による条約や勧告がある．以下，それぞれのレベルに関して検討していこう．

1　国内法における国際社会保障法

　まず，各国の国内の社会保障法の一部に諸外国との関連に対処するための部分がある場合が多い．一つには，国内の社会保障法の一部として，外国人への社会保障の適用を規定する条文がある．もし，この種の条文がまったくない場合には，外国人であれ，国内人であれ，平等に国内の社会保障法が適用される

かもしれない.

　また，逆に，同国国民の海外居住者に対する社会保障の適用に関しても，何らかの規定があるのが一般的である．こうした法律は，あくまで一国内の問題であり，国内的な対応で十分なのである．理論的に言えば，すべての国々が外国人か国民かに関係なく国内の社会保障を適用させれば，世界中の社会保障の不適用問題は一切なくなるはずである．国内の社会保障法が，国内の外国人や国外の同国民に対して，社会保障の適用を何らかの方法で制限しているために，障害がおこり，国際法の介入を余儀なくさせるのである．

外国人への社会保障の適用

　まず，外国人への社会保障の適用に関してであるが，この問題は制度ごとの分析が必要となる．多くの国々では，社会保障の制度ごとに適用要件を定めている．欧州には，制度ごとの要件はなく，社会保障の適用が一本化されていて，適用の際にはすべての制度が一挙に適用され，適用要件を満たさない場合にはすべての制度が適用されないとする国もある．イギリスの国民保険もその典型である．

　極端に言えば，外国人には一切の社会保障制度が適用されないという国はおそらくないであろう．そうした措置自体が，人権問題に関わるし，外国人差別として，国際社会からも非難されよう．逆に，外国人にも何の差別もなく平等に社会保障が適用される事例は，社会保障の先進諸国で実現しつつあるが，まだ，全体としては少数であろう．多くの国々では，外国人の社会保障には何らかの制約があるのが一般的である．制約とは，法律に基づく直接的な差別規定とは限らない．たとえば，特定の加入期間や居住期間を受給権付与の条件とすれば，多くの外国人が実際には適用から除外されてしまうことになる．

　外国人への社会保障の適用をめぐっては，社会保険と公的扶助で取り扱いが異なる場合が多いのが一般的である．拠出制の社会保険制度においては，外国人労働者も適用対象に含まれる場合が多い．拠出が強制されれば，給付も保障

されるのが一般的である．他方，無拠出制の公的扶助制度に関しては，適用が制限される場合が少なくない．

　日本においても，生活保護は対象が国民に限定されており，外国人には適用されないことが，しばしば問題とされている．在日朝鮮人の場合も日本国籍を取得しない限り，日本の社会保障の適用は受けられない場合があった．こうした差別は度々批判されてきたところである．他方，中国残留孤児として中国で育った人々が日本に帰国した場合，特別な補償が提供されず，生活保護制度の適用のみによって生計を立てていることも不可思議なことである．国策の犠牲者として国が特別に補償すべきとの主張がある．

　欧州においては，社会保障の適用に際して，社会保険はもちろん公的扶助制度においても国籍条項がない国も少なくない．外国人であっても，当該国に居住し貧困であれば，公的扶助は適用される．医療サービスに関しても，国民保健サービスの一環として，国民・外国人の区別なく医療費の無料化が行われている国もある．

　外国人の社会保障に関して，一つの問題は海外送金であろう．年金制度において典型的であるが，以前当該国に居住していた者が他の国で給付を受ける場合，海外にまで給付金が送金されるのか，という問題である．この点については，国内居住を条件とする国も多いし，送金を認める国もあろう．年金であれば，一次払いで清算される場合も多い．

海外居住国民への社会保障の適用

　同じ国籍を持った国民でも，海外に居住している場合，社会保障は適用されるのであろうか．多くの場合，大きな制約を受けるのは事実であろうが，何らかの特別措置を講じている場合も少なくない．この場合は，適用資格における国籍条項ではなく，受給資格における居住条件が問題となる．たとえば，健康保険制度においては，国内の医療機関においては医療費の償還が自動的に行われるが，国外の医療機関にかかった医療費の償還には制約があろう．

海外居住が一時的なものであるか，または，数年間の駐在であるか，永住であるかによっても，状況が異なるかもしれない．長期滞在の場合には，先方の国で社会保障の適用を受ければ良いはずである．出身国の制度が海外に適用されれば，二重適用の可能性もある．逆に，先方では国籍条項によって排除され，出身国では居住条件によって排除され，いずれの制度も適用されないこともありえる．

　個人のレベルでは，二重適用は必ずしも深刻な問題ではない．複数の国々から老後に年金をもらっている人も多い．問題はすべての国の制度から適用排除された場合である．だが，この問題も各国が国内法のレベルで外国人への適用に寛大であり，海外の国民にも寛大な措置をとれば絶対起こらない事態のはずである．つまり，各国において国際化に十分な対応をしていれば，国際化による問題は解決できるのである．

　具体的には，多様な事例が想定される．国境周辺労働者の場合，季節出稼ぎ労働者の場合，国境を越えて労働する運輸・交通等の特定職種の場合，労働には従事していない一般市民が観光やその他の目的で海外に滞在する場合等々．日本では余り馴染みがないが，特に欧州などでは多様な国際化の事例が日常的でもあり，判例の蓄積も多く，法律も整備されている．

2 ｜ 二国間・多国間協定

　とは言え，実際には外国人への国内の社会保障制度の適用は，いろいろな側面で制約がある．国内法における対処では限界がある．一方の国が寛大であっても，他の国が閉鎖的であれば，国際社会においては問題が残るのである．そこで，移民労働者の送り出し国と受け入れ国の間に，共通する利害関係がある場合は，両国間に拘束力を限った両国間の社会保障における特別の取り決めが有効になることもある．

　さて，外国人と言っても，その内容は様々である．歴史的に非常に密接に関

係した国の出身者も外国人に含まれる．特定国の出身者の場合，社会保障において二国間の協定を結ぶことがあった．二国間協定には，いくつかのパターンがあった．第一には，欧州の旧列強諸国と旧植民地諸国との間の協定である．アフリカやアジアにあった植民地は，戦後の植民地国家独立以前は宗主国の一地域であった．社会保障も同国人と同等として適用されていた．独立後も関係は深く，特別な二国間協定によって，社会保障においても国民に準じる取り扱いを受けることがあった．

第二は，古くから近隣国同士で労働者の移動が頻繁であった二ヵ国の間で，社会保障の調整を目的に協定を結んだものである．古くはイタリア・フランス間等でこの種の協定が見られた．そして，第三には，アメリカ・カナダ間の社会保障協定のように，経済ブロックを形成し，経済的関係の強い国同士で締結されるものである．現在もこの協定は有効である．

日本は社会保障の制度化は遅れたし，この領域での国際化への対応も経験が浅い．ようやく最近になって，日独年金協定，日英年金協定が制定され，アメリカやフランス等の国々とも年金分野での二国間協定を締結しつつある段階にある．ただし，国別，かつ，制度別での国際協定を積み上げて行く方法に疑問が残る．既に，日独間と日英間の年金取り決めがかなり異なる調整内容となっている．今後，多くの国々と個別で法制化していくと，長期間の後，事務管理の煩雑さが膨大なものになるばかりでなく，国籍による取扱い差別ともなりかねない．長期を見据えた方法が望まれる．

また，場合によっては，三国間や四国間，あるいはそれ以上の国々の間での国際協定もあり得る．歴史的にも，既に紹介したように，ライン川周辺諸国間の協定やスカンジナビア諸国間の協定など，利害関係のある国々の間で締結される場合，複数国間の協定という形になる．欧州諸国がその良い事例であるが，多数国間の社会保障協定も，実は同様の内容の二ヵ国間協定が多国間で取り交わされたことがその出発点になっている．同じ利害関係にある国々が，二国間協定を繰返しているうちに多国間協定に辿りついた格好である．

3 国際機関による国際社会保障法

最後に，社会保障の国際的な諸問題を解決するためには，二国間の取り決めでは不充分であり，国際機関の強力なリーダーシップが不可欠となる．社会保障は常に経済的な効果を伴うものであり，各国間で利害対立が生じやすい．そこで，中立の立場から各国間の調整を提案できる国際機関が必要となる．

国際機関にも多種多様ある．政治的，もしくは，経済的な交流を目的とするものが中心であり，社会保障のような制度に直接関係する組織は非常に少ない．社会保障に関する取り決めを持っている国際機関としては，国際労働機関（ILO），欧州連合（EU），欧州評議会等がある．ただし，ILOとEUについては，第9章，第10章で詳しく紹介する．ここでは，各国際機関の目的，法的構造，政策意図等の基本的な部分のみを紹介する．

（1）ILOの社会保障法

国際的に最も影響力の大きい機関は，やはり，ILOであろう．ILOの政策には，賛否両論ある．何よりILOの政策の中心が労働条件の整備にあって，社会保障はILOの主要な政策課題ではないという見解もある．だが，評価は別として，社会保障の領域に関しても，特定の権限をもって世界中の国々に実質的に影響力を持つのはILO以外にない．

ILO憲章に盛り込まれた1944年の「国際労働機関の目的に関する宣言（フィラデルフィア宣言）」において，保護を必要とするすべての労働者に所得保障をし，医療給付を保障していくのがILOの「厳粛な義務」であると明記している．ILOは，1927年の疾病保険条約以降，各社会保障制度ごとに条約と勧告を発してきた．1952年の有名な社会保障の最低基準に関する条約102号はその集大成であった．

法的文書として，ILOは条約と勧告を制定しているが，両者の相違を認識しておかなければならない．条約の場合には，これを批准した国は条約の内容に

関して拘束され，その義務の履行に関してILOの監視を受けるものである．他方，勧告は加盟国を法的に拘束するものではない．加盟国内の特別な事情を考慮した上で一応のガイドラインとしてILOが望ましく考える方向を示すものである．両者の法律をもって，一方では厳格に，他方で弾力的に国際化を推進していこうとするのが，ILOの基本的な政策姿勢であろう．

(2) EUの社会保障法

EUはILOとは目的の異なる組織であり，社会保障に関しても異なるアプローチをしている．周知のとおり，欧州ではEECからEC，そして，EUへと発展していった．つまり，欧州経済共同体（EEC）と欧州原子力共同体（EURATOM）と欧州石炭鉄鋼共同体（ECSC）の三つの組織の統合した組織の総称をECと呼び，さらに，新たな組織が加わってEUとなったのである．だが，社会保障に関する限り，その中心部分は依然としてEECに集約されている．

EECはヨーロッパ市民の生活条件，労働条件の向上を目的とした組織として成立した．その活動の中心は経済的な領域である．経済危機以降は，経済政策の不調から逆に社会的側面が重要視されるようになってきた．それでも，依然としてEUの活動として目覚しい展開を残しているのは，通貨統合や貿易政策をはじめとする経済的な領域であった．

EUの場合，ILOと異なり独自の立法，司法，行政の構造が確立されている．EUの制定した法律は加盟国を拘束する．EUレベルの法律はこれまでは通常満場一致で，全加盟国の合意の上で制定されたため，法律として少数反対意見があれば成立不可能であり，運営上難しいところがあった．最近は，領域の限定はあるが，特定多数決制度が導入された．

また，EUは欧州裁判所という独自の司法裁判所を持っており，独自に法律の徹底化を図ることができる．この点で加盟国に批准の自由選択権のあるILOの場合とはかなり異なり，実効ある政策が展開可能となる．

EUの社会保障政策は，位置付けがかなり特異である．一般に，社会保障の目的が最低生活保障や喪失所得の保障にあるとすれば，EUは域内の市民の最低生活保障や喪失所得の保障を行うべきものと考えられる．ところが，実際にはかなり異なる目的を示している．つまり，EUが目指しているのは，域内の労働者の自由移動を促進するというきわめて経済的な使命である．社会保障が各国の国民を対象にする限り，各国間を移動する労働者は社会保障の権利においてかなりの不利益を被る可能性が強い．逆に，こうした社会保障における権利阻害が実際に存在すれば，労働者は自由に移動できなくなる．こうした事態は，労働者の自由移動の促進をめざすEUの基本精神に反することになる．

(3) 欧州評議会の社会保障政策

欧州評議会は，加盟国の社会的発展のために加盟国間の統一をはかることにある．評議会の行動を「整合化」と「調和化」に分けて概観していこう．

「整合化」

1953年の社会保障に関する暫定協定が欧州評議会で締結された．この協定は調印国の国民を加盟国の社会保障において当該国民と平等に扱うという基本原則を初めて認めた注目すべき法律文書である．また，加盟国内における二国間協定や多国間協定の内容は，そのまますべての調印国にも同様に適用されることも決められた．ただし，公的扶助，公務員の社会保障制度，戦争犠牲者への給付等は適用対象に含まれなかった．

そこで，1954年には公的扶助および医療扶助に関する欧州条約が成立し，公的扶助や医療扶助においても，調印国出身の国民は他の調印国内において，当該国民と同様に同国の公的扶助や医療扶助を受けることが認められた．

1977年に施行された社会保障に関する欧州協定では，以下の基本的な規定が盛り込まれている．

- 調印国の国民すべての平等待遇

- 調印国領土内での諸給付の送金
- 医療給付，年金の受給権の認定における被保険者期間の通算
- 疾病，出産，職業病，労災の調印国における一時滞在中の現物給付の保障
- 按分比例制に基づく年金の部分的給付
- 現金給付算定に際して，調印国居住の家族の考慮
- 調印国に居住する児童への児童手当の適用

「調和化」

1961年に欧州評議会では加盟15ヵ国において欧州社会憲章が批准された．そこでは19の基本的な人権が挙げられており，その中で特に，労働する権利（1条），結社の権利（5条），団体交渉の権利（6条），社会保障の権利（12条），社会扶助および医療扶助の権利（16条），移民労働者とその家族の保護と扶助の権利（19条）の六つが重要視されていた．憲章を批准した国は，これらの権利のうち五つ以上を達成しなければならない．

さらに，1964年に締結された欧州社会保障法典は，ILO条約102号をモデルとして，最低基準の設定を目指したものである．ILOは三つの制度の批准を前提としていたが，欧州評議会では六つの制度の批准を要求した．また，最低基準の内容に関してもILOとは若干異なる基準を採用している．ILOのように対象国が多くないため，より厳しい条件が設定できたと言えよう．

第8章 国際社会福祉

国際社会福祉の位置付け

　本書「国際社会保障論」は,日本ではまったく新しい学問領域である.一方,「国際社会福祉論」という講義は社会福祉系の学部・学科においては既に認知されている学科目である.日本の福祉系の学部・学科では,唯一の,あるいは,数少ない「国際」と題する講義である.

　だが,前述のとおり,本書の理解では,国際社会福祉論は国際社会保障論の一部に位置付けられる.まず,社会福祉が一般に社会保障の一部として位置付けられるのと同様に,国際社会福祉も国際社会保障の一部と位置付けることができよう.さらに,実際に「国際社会福祉論」の内容は,発展途上国の福祉向上のために先進諸国から様々な援助が提供されることを中心的な内容としている.こうした意味でも,国際社会福祉が国際社会保障の一部を構成するものと理解できる.実際には,両者は相互に関係するものである.この章では,国際社会保障の一部としての国際社会福祉の概要を紹介していく.

　社会保障の地理的な延長線上に国際社会保障があるわけではないことと同様に,社会福祉の延長戦上に国際社会福祉があると理解されるべきではない.たとえば,日本で認知されている社会福祉の構成要素と,国際社会福祉の構成要素ではまったく異なり,別世界を呈している.量的な違いのみならず,質的にも異なる研究と言うべきであろう.

　たとえば,児童福祉領域を取り上げるならば,児童虐待や登校拒否,少年犯罪等が中心的に扱われている日本と児童売春,栄養失調,非識字,ストリート・チルドレン等が問題化しているアジア諸国とは,まったく議論の内容が異なる.児童福祉に限らず,国際社会福祉の対象や活動領域は,国内の社会福祉

とはかなり異なり広範に及んでいる．

1 | 基本構造

世界における貧困問題

　貧困問題は古くて新しい社会問題である．絶え間ない技術の革新，そして，生産力の拡大によって現代社会は豊かな社会になった．しかし，富の分配は一様ではない．むしろ偏在している．世界には，未だ自給自足的な農業経済に従っている民族も多数存在する．アジアやアフリカには飢餓で苦しむ人々が多数存在する．

　他方，先進諸国にも貧困問題は存在する．アメリカのように世界で最も豊かな国であっても，貧困問題をはじめ多くの社会問題が存在する．程度の差こそあれ，先進福祉国家でも，社会主義国にでも貧困問題は存在する．貧困問題は発展途上国に固有の問題ではない．

　社会保障制度が進んでいる国々は，ほとんどが先進諸国である．もともと経済的に豊かな国々が，充実した社会保障制度を有している．他方で，地球規模で見る時，世界のより多くの国々では開発が不十分であり，絶対的な貧困に蔽われている国々が多い．貧困問題をはじめ発展途上国には，先進諸国とは桁違いの社会問題が存在する．

　かつて，南北問題が盛んに議論されてきた．その議論は主として経済格差をめぐるものであり，そこから派生的に先進諸国と発展途上国との間の多様な格差が強調されてきた．しかし貧困をはじめ保健，医療，公衆衛生，福祉，教育等の社会的な格差については，あまり本格的に議論されてこなかったように思われる．

　こうした問題を解決するためにいろいろな対策が講じられてきたが，問題の本質は一向に解決に向かっていない．南北間の格差はけっして小さくなっていない．むしろ，拡大している．より積極的な対策を採らなければ，発展途上国

の貧困問題は改善される見通しがつかないし，南北問題は永遠の課題となってしまう．

国際社会福祉の概念

社会保障の概念で論じたのとほぼ同様に，社会福祉においても一国の国内で完結されるものとして誕生し，運営されてきた．ところが，地球規模で国際社会を一つの対象として見ると，そこにはまったく別の空間が存在する．一国では，また，一地域ではとても解決できないような社会問題が存在している．国際社会が乗り出していかなければ解決不可能な地球レベルの社会問題もある．そうした場合，一国の利害を超えて，全人類の幸福を求めて国際社会福祉への行動が始まるのである．

国際社会福祉と国際社会保障の違いは，やはり，社会保障と社会福祉の違いとも言えるだろう．社会保障とは，社会保険を中心として公的扶助，社会福祉，公衆衛生，住宅政策等を含めた広い概念である．社会福祉は公的基金に基づいた公共政策の一環である．社会福祉は，通常，貧困や病気，障害等のリスクに陥った社会的弱者に対して政府や自治体から直接提供される援助である．保険拠出のような本人の直接的な経済的負担はない．ただし，受益者の一部負担はこの限りではなく，本人負担も制度化されることもある．

国際的な視野で見た場合も，国際福祉とは何らかの問題を抱える国や地域に対して，他の地域が援助の手を差し伸べる行為を意味する．具体的には，アジアやアフリカ諸国の貧困問題に対して，先進諸国が多様な支援を行っていることが国際福祉の典型と言えよう．

金銭的な援助だけでなく，食糧や医薬品や日用物資等の現物の援助，さらに，医師や看護師が直接サービスを提供する人的支援もある．子供に教育の機会を提供することや，町づくりや企業の創設，機械技術の手法を教えることも重要であり，人的支援を必要とする．

また，国際福祉の主体も各国政府の他に各種国際機関，さらには，宗教団体，

医師等の職業団体，その他多様な民間支援団体がある．こうした活動は，社会福祉というよりも，国際協力の名の下で展開されていることも多い．国際福祉とは，国際協力の一つの形態と言っても良いであろう．

国際社会福祉の対象

前述のとおり，国際社会福祉は単なる国内の社会福祉の延長ではない．その研究対象は非常に多岐に渡る．一般に社会福祉が扱うような貧困，児童，老人，母子，障害，病気等といった区分では到底十分ではない．以下，主な政策対象を列挙してみよう．

スラム問題の解消，住宅支援，路上生活者救援，ストリートチルドレンの救済，戦争犠牲者の保護，性差別の改善や女性の地位向上，人種差別や階級差別の撤廃，難民救済，信教の自由や結社の自由の保障，雇用機会の開発，自然災害犠牲者の補償，環境保護，教育機会の拡大，識字教育の徹底，人材育成，職業訓練，エネルギー確保，上下水道の整備，飲料水の確保，農業振興，家族計画，エイズ・麻薬問題への対応，伝染病対策や予防接種の普及，売春・風俗産業対策，外国人問題対策等々である．

これらの政策対象の多くは，一般に先進諸国では社会福祉の対象には含まれていない．財政的な基盤がしっかりしている先進諸国では，ここで挙げられた多くの課題は既に達成されているか，あるいは，問題化していない．もともとは，これらの多くの問題は，絶対的な貧困が誘引になっていると思われる．だが，必ずしもお金だけの問題とは言えない．たとえ，現金給付で援助を行っても，依然として多くの問題は解決されないだろう．また，おびただしい大量の貧困が横たわっており，すべての人の貧困を救済することができない．先進国側からの支援も，各問題のそれぞれの局面に貢献できるようなきめの細かい支援が必要となる．

国際社会福祉の構造

　国際社会福祉とは，一般的な社会福祉とはまったく違った世界が広がっている．行政で言えば，かつて厚生省は内務省（Ministry of Internal Affairs）と称され，国内の社会問題を管轄する行政部署であった．つまり，外交問題を扱う外務省（Ministry of Foreign Affaires）の対極を成すものと考えられてきた．国際社会福祉は行政で言えば，日本では主に外務省管轄となる．

　単に，一国内の社会福祉と世界の社会福祉の差といった地理的な違いだけではなく，本質的な違いが存在する．国内の社会福祉の延長線上に国際社会福祉があるわけでもない．逆に，国内問題に相対する国際問題というまったく逆の領域とも考えられる．

　世界の国々の福祉に貢献するということは，国際協力とか国際援助といった外交領域の活動に含まれることになる．自分の国内に多くの問題を抱えながら，何故，外国の社会問題に乗り出して行かなければならないのか，当然ながら問われるべき疑問であろう．国内の社会保障財政が赤字で苦境を呈している最中，何故，莫大な金額を世界の国々に拠出しなければならないのか．これは，比較すべきものではない．まったく別問題と考えなければならない．

　国際社会福祉の具体的な内容では，先進諸国からの発展途上国に対する経済援助の一環と総括することができる．先進諸国は自国のODA（政府開発援助）として，関係の深い国々にまったく独自の判断で経済的な支援活動を展開している．また，各種国際機関が各国政府からの拠出金を原資として，発展途上国に対する経済的な支援を行っている．これも国際社会福祉の重要な部分を成している．

国際社会福祉の担い手

　発展途上国の社会問題を救済するために，活動するのは誰か．その活動の主体がまず論じられなければならない．多様なアクターが想定されるが，それらは主として次のように分類できると思われる．

第1は、先進諸国を中心とした各国政府である。各国は各国の事情や価値観に基づいて独自の国際協力活動を展開している。それは、人道主義に基づくものであれ、経済主義や商業主義に基づくものであれ、政治的な意味合いであれ、国レベルの援助は国際社会福祉の主要な部分を構成している。

　第2は、国連をはじめとした公的な国際機関である。各国が各国の思惑で活動しているのと異なり、国際機関は可能な限り客観的な立場から国際世論の支持を背景に発展途上国に貢献できるような支援活動を展開している。各国の力には限度もあるため、また、各国の対立関係を避けるためにも、国際機関の果たす役割はさらに重要になる。

　第3は私的な機関であり、NPOやNGOが考えられる。この場合、国際的な機関もあるし特定国内の機関であることもある。宗教的な組織による慈善活動も伝統的に強い領域である。また、異なる機関の協力関係の上に活動している場合もあろう。以下、各主体ごとにやや詳しく紹介していこう。

2　各国政府の国際支援

　世界の国々の貧困や福祉に最も大きな貢献ができるのは、現状では各国政府であろう。先進諸国は、それぞれの政策理念に基づいて発展途上国をはじめ世界の貧困国に対して様々な援助活動を展開している。いわゆる、ODA（政府開発援助）がその中心となっている。各国はそれぞれ独自の考え方によってODAを発展途上国に対して提供している。

ODAの定義

　先進諸国は、発展途上の国々に対して様々な領域で資金を供与している。ODAは豊かな国々から貧しい国々へのお金の移転を意味することになる。一般に国内における豊かな人から貧しい人への富の再分配が、まさに社会保障の基本でもある。つまり、通常は一国内で行われる制度が社会保障であるが、地

図1　日本の国際経済協力

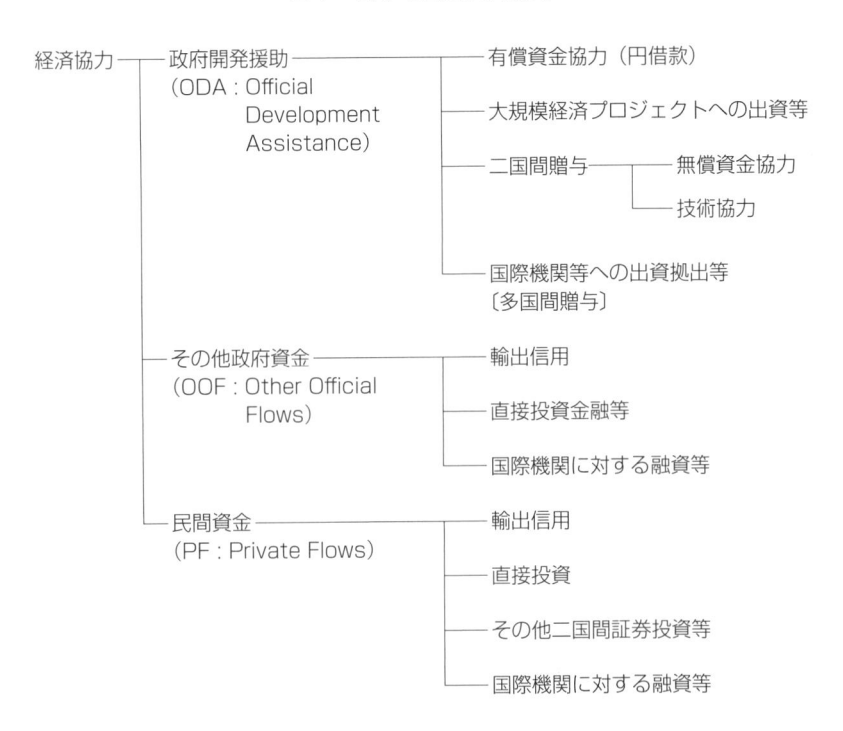

```
経済協力─┬─政府開発援助──────┬─有償資金協力（円借款）
         │ (ODA : Official     │
         │  Development        ├─大規模経済プロジェクトへの出資等
         │  Assistance)        │
         │                     ├─二国間贈与──┬─無償資金協力
         │                     │              └─技術協力
         │                     │
         │                     └─国際機関等への出資拠出等
         │                       〔多国間贈与〕
         │
         ├─その他政府資金─────┬─輸出信用
         │ (OOF : Other Official├─直接投資金融等
         │  Flows)              └─国際機関に対する融資等
         │
         └─民間資金───────────┬─輸出信用
           (PF : Private Flows) ├─直接投資
                                ├─その他二国間証券投資等
                                └─国際機関に対する融資等
```

[資料] JICA『国際経済協力』2003年，3頁

球規模で行われるのが，こうした政府レベルでの資金供与であるといえる．ODAは，先進諸国の援助政策の核心をなす．

OECDの定義によれば，ODAとは次の三つの条件を満たすものである．第1に政府または政府の実施機関によって供与されること，第2に途上国の経済開発や福祉の向上に寄与することを主たる目的とすること，そして第3に資金協力については供与条件が途上国にとって重い負担とならないこと，である．

ODAの分類

まず，ODAは，一つは先進国と途上国間の二国間の援助，もう一つは国連

関係機関や世界銀行，アジア開発銀行等の国際機関への拠出金という形で国際機関を経由して行われる多国間の援助と大きく二つに分けられる．さらに，二国間の援助は贈与と借款に大別される．そして，贈与は無償資金協力と技術協力とに分けられる．有償資金協力とは，日本で言えば円借款のことであり，発展途上国への長期の低利子での直接貸付制度を意味する．

技術協力は，最近特に注目されている人的国際貢献の一翼を担っている．研修生の発展途上国からの受入れ，専門家の派遣，プロジェクト方式の技術協力，青少年やシニアの国際ボランティアの派遣まで多様化している．

図は，日本の国際経済協力の形態を示している．国際経済協力は，大きく三つに分けることができる．ここで述べた政府開発援助（ODA）とその他の政府資金，そして，民間資金である．ODAは，有償資金協力（所謂，円借款）と大規模経済プロジェクト出資，二国間贈与，国際機関への拠出の四つの部門に区分できる．さらに，二国間贈与には，無償資金協力と技術協力とがある．

先進諸国の目的

ODAを先進諸国が供与するに際しては，それぞれの国の思惑が垣間見える．政治的・外交的な目的をもってODAを供与する国もあれば，経済的・商業的な意味を込めている国々も見られる．純粋に人道主義的な目的から努力している国々もある．典型的な事例を紹介しよう．

等しく途上国の救済，支援といっても，先進国側にはそれぞれ個別の誘引がある．まず，アメリカはODAを非常に政治的な配慮から外交手段として利用していると言われる．アメリカの政治外交上重要な諸国への資金供与を適宜重点的に行っている．アフガニスタンや中東諸国の事例でも明らかなとおり，国際的な紛争が起こった国々に対して，アメリカが政治的介入を展開する際，ODAの提供額が急増している．経済支援を一つの外交手段として利用して，アメリカの戦略に有利にことを進めようとする意図が読み取れる．当該国の利益というよりも，アメリカ自身の政治的・経済的利益からの投資的な行為とも

みなしうる.

　続いて, イギリスとフランスは旧植民地国との関係を重視し, これらの国々に援助を集中させている. 植民地の独立後も, 両国は旧植民地との政治的・経済的関係は密接である. 人的な移動も頻繁であり, 旧植民地出身のイギリスやフランス国内の居住者も多い. 今後も旧植民地国に発言権を維持したい意図がわかる.

　ドイツは, ODAには政治的配慮が少なく, 旧植民地もほとんどない. 援助は商業・経済主義的な意味あいが強い. つまり, 発展途上国への資金供与が自国経済に貢献するように配慮し, 自国産業の育成を目指している. 日本も一般的には経済的・商業的目的を重視した国と評価されている.

　最後に, 真に人道主義的な側面を強調しているのは, スウェーデン, ノルウェー, デンマーク, オランダ, カナダといった国々である. これらの国々では, ODA資金のうち借款の比率がきわめて低く, ほとんどの資金が贈与として発展途上国に提供されている. いわゆる紐付き援助ではない. また, 政治的介入も無関係である. これらの国々は, しばしば政治的な中立性を堅持しているが故に, 国際紛争の調停の重要な役割を担う場合も少なくない.

経済協力の現状

　どの国が, 経済協力の分野でどれくらい貢献しているかを客観的に国際比較するのは難しい. 金額で比較するのは簡単であるが, 協力の内容も重要である. 受入国にとってのニーズにどれだけ合致しているかを見るべきであろう. ここでは, 差し当たり概要のみを紹介する.

　図2は, OECDのDAC（開発援助委員会）加盟国における, 政府開発援助の金額（米ドル表示）の上位10ヵ国とその対GNI比率を示している. まず, 名目金額で単純比較すれば, 最も多額のODAを支出している国は2001年度でアメリカの11,429（100万米ドル）であり, 続いて日本の9,847（100万米ドル）であった. この両国が突出しており, 第3位のドイツは4,990（100万米

図2 DAC加盟国のODA (2001年)

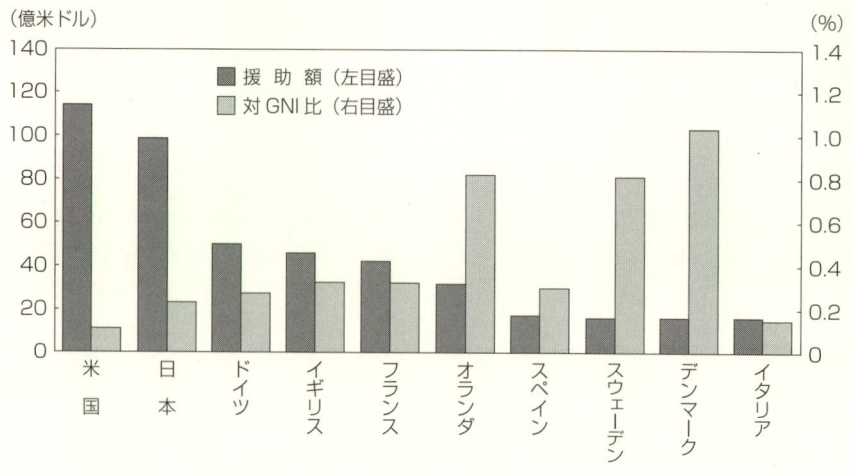

[資料] 総務庁編『世界の統計2004』国立印刷局, 2004年, 259頁

ドル）で日本の約半分相当に過ぎない．以下，イギリス，フランス，オランダと続く．他方，このODAの金額を対GNI比で見てみると，デンマークが最高で1.03％であった．続いて，ノルウェーの0.83（援助額が上位10ヵ国外のため図2に表示なし），オランダの0.82，スウェーデンの0.81と続いている．北欧諸国をはじめ，進んだ福祉国家が，国力の割には非常に努力してODAを捻出していることが理解できる．

3 公的国際機関による国際社会福祉

　世界規模で各国の社会福祉領域において影響力が最も大きいのは，国際連合とその関係機関であることは間違いない．近年，民間団体，NGOやNPOが多様な領域で活躍している．だが，その規模や継続性，安定性等を考慮すれば，やはり公的国際機関の重要性は高く評価されるべきであろう．まず，国連とその関連機関の紹介から始めよう．

国連経済社会理事会（ESC）

　国際連合は，「人民の同権及び自決の原則の尊重」を国連憲章で謳っているのに従い，発展途上国の開発援助を組織の大きな目的の一つとしている．1948年に採択された世界人権宣言においても，世界中の人の人権擁護を国連が主体となって推し進めて行く方向が明示された．

　国際連合には，安全保障理事会と経済社会理事会がある．社会経済開発の活動領域を担当するのが，経済社会理事会（ESC）である．その任務としては，次のように多岐にわたり規定されている．

① 世界的規模ないし広範囲な分野にいたる国際的な経済・社会問題の討議と国連加盟国と国連機構に提起される諸問題に関する政策勧告を立案する．
② 国際経済，社会，文化，教育，保健，その他関連分野において，研究報告し，勧告を提起する．
③ すべての人々の基本的自由の尊重とその保護の推進．
④ 理事会の権限に基づいて国際会議の招集と条約の草案の作成，総会への提出．
⑤ 専門機関と協定を結び，国連との関係を明確化する．
⑥ 専門機関と協議，勧告，および総会や加盟国に対する勧告を通じて専門機関の勧告を調整する．
⑦ 総会の承認を得て，国連加盟国に対して，また要請があった場合には専門機関に対して任務を提供する．
⑧ 理事会の扱う事項に関心のある非政府機関（NGO）と協議する．

国連開発計画（UNDP）

　1946年に国連児童基金とともに発展途上国の開発協力を目的として創設された．本部はニューヨーク．貧困対策，雇用創出，女性解放，環境保全等に関して，開発プログラムの計画作成と実施能力向上のための技術協力を行っている．持続的人間開発を目標として掲げ，1995年以降には貧困撲滅をUNDPの最優先課題と位置付けている．

貧困対策としては，貧困の計測のための各国各地域の基礎調査から目標設定，関連公共政策との連携・調整，社会構成員の動員参加，パートナーシップ等を各国ごとに検討してきた．各国の地域の行政組織の改革や関連するNGOやコミュニティー，宗教団体等の各種団体との継続的な協力関係の構築にも活躍している．

国連難民高等弁務官事務所（UNHCR）

1949年の国連総会において，難民の保護と難民問題の解決を目的として設立された．本部はジュネーブ．具体的には，衣食住の基本的な生活物資の供与，医療や衛生のサービスの提供，住居の確保，学校や診療所等基本的施設の整備等，生活のあらゆるレベルへの支援を行っている．また，国際社会の舞台では，難民保護を目的とした条約の締結や批准の促進，難民の受入国における難民の基本的人権の擁護への働きかけ，本国帰還への条件整備，難民がさらに第三国への移住を希望する場合の関係各国との折衝と調整等々難民をめぐる様々な活動を展開している．近年，世界的な規模で地域紛争が多発してきており，難民高等弁務官事務所の役割もますます重要になってきている．

事務所の財源は各国政府の拠出金とNGOの任意拠出によっている．さらに，拠出以外の各国政府の直接的な支援，国際協力ボランティア団体等の協力などの援助によっても支えられている．赤十字国際委員会の協力も重要である．

国連児童基金（UNICEF）

国連児童基金は，1946年に児童の保護，児童の健全な成長の機会の拡大のために必要な基本的ニーズを達成するために設立された．本部はニューヨーク．財源は67％が政府協力，31％が民間募金となっている（2003年）．

UNICEFは地球上で，飢え，栄養失調，病気等で苦しむ子供たちを保護することを目的に，予防接種，児童の発育観察，母子の保護，衛生や栄養の改善，上下水道の整備，学校教育と社会教育の普及，家族計画，子供や女性を守る

様々な活動を支援するための専門家や技術者の派遣等を行うものである．

1989年の国連総会で，子供の生存，発育，保護の三つの柱が「児童の権利条約」として採択された．さらに，1990年には世界子供サミットで，子供の生存，保護，発達に関する世界宣言と行動計画が採択された．

世界保健機構（WHO）

世界保健機構は，世界保健憲章に基づいて1946年に設立された国連の専門機関である．本部はジュネーブで，192ヵ国が加盟している．世界の保健衛生の分野における最大の組織であり，経済社会理事会との連携を保ちながらも，独自の事務局を持ち，運営も加盟国の分担金とプロジェクトごとの任意拠出金によって賄われている．

活動内容としては，伝染病，風土病，その他の疾病の撲滅，各国政府の要請に応じた保健事業の強化支援，さらに，国際的な保健政策に関して条約，協定および規則を提案し勧告することがある．単に，発展途上国だけの問題ではなく，先進諸国でも食品や医薬品等で広く関係する分野である．

国際教育科学文化機関（UNESCO）

ユネスコは周知のとおり，教育・科学・文化の領域における国際的な協力関係の推進を目指す組織として，1945年にパリで国連の専門機関として創設された組織である．国連憲章では，世界の平和・安全保障・人権・基本的自由への貢献を謳っており，この精神を教育・科学・文化の領域で守るために活動している．

発展途上国の開発に際して，教育がきわめて重要な要素であることは広く認識されていることである．教育を受ける権利は，国を問わず等しく認められるべきものである．ユネスコは1990年に「万人のための教育」宣言を出し活動を続けている．特に，教育機会が阻害されがちな女性のための識字教育に力を入れている．

国際労働事務局(ILO)

ILOの主要な活動は,労働者の労働条件や労働環境,労働福祉の向上と国際的な整備に関するものである.社会保障もILOの政策の対象内に組み入れられているが,どうしても副次的なものとなりやすい傾向にある.とはいえ,社会保障に関して実際に行動している国際機関としては唯一最大の存在である.

ILOの社会保障政策の中心は,102号条約にあるように,社会保障の最低基準を設定し,加盟国の批准を通して,社会保障の国際的な「調和化」と普及とを進展させることにある.ILOは早くから,移民労働者の社会保障の権利保護を進めてきた.国際社会保障法として,世界的規模で影響力を持つのはILOだけである.ILOは本書との関係も深く,改めて次の章で詳細を論じたい.

国連人間居住計画(UN-HABITAT)

1976年にバンクーバーで開かれた国連の人間居住会議で公表された人間居住宣言を受けて,翌1977年の国連総会決議に基づいて国連人間居住センターがケニヤのナイロビに設立された.その後,この組織の強化がはかられ国連人間居住計画に改組された.

活動内容としては,スラム問題,都市過密化問題,農村の過疎,都市計画,土地・住宅問題,上下水道,交通,廃棄物処理,建築資材,住宅融資等に関して,問題解決のための研究,指針の作成,各国や各国際機関との情報交換,広報,研修,専門家派遣,パイロット・プロジェクトの実施等を行っている.政策対象は単に居住用の住宅に限定せず,広く都市計画や居住環境,貧困からホームレスの問題まで広く対象に含まれている.

世界食糧計画(WFP)

1963年に,国際連合とFAOの共同計画のもとにローマで創設された.様々な目的から食糧援助を大規模に展開している.まず,発展途上国の経済社会開発のため,食糧援助を行い,農業振興や農村開発を進め,他方で学校給食を実

行しつつ人的資源開発を進めている．また，緊急食糧援助としては，自然災害や戦争等による被災者の緊急の食糧不足に対応している．さらに，難民や国内の避難民に対する食糧支援も行っている．資金は各国政府の任意の拠出に依存している．

世界銀行

1944年の第二次世界大戦末期に，アメリカのブレトン・ウッズで連合国代表が戦後の世界経済の復興と安定をめざして国際復興開発銀行（IBRD）と国際通貨基金（IMF）を創設する協定を結んだ．一般に，国際復興開発銀行と国際開発協会を世界銀行と言い，多数国間投資保証機関（MIGA）と国際投資紛争解決センター（ICSID）の姉妹機関もあわせて世界銀行グループと称する．

世界銀行は発展途上国に対して資金提供するのが本来的な使命であった．ところが，南米諸国で典型的なように，もはや返済不能な借金を抱えた途上国では金融危機から深刻な経済危機に陥っている場合が多い．利子さえ払えない状態となり，返済総額は膨らむ一方で極度のインフレを招いている国々もあり，経済危機に陥っている．

世界の世論では，もはや，借金を帳消しにするべきとの主張が強まってきている．そうしないと自力更生も不可能となってしまう．厳しい取り立てをしたら，国民は労働意欲も失い経済全体も力を失い，返済する能力もさらに低下していってしまう．そこで，世界銀行も発展途上国の経済の活性化のために，当該国の貧困対策に介入していくようになった．

4 NGOによる国際社会福祉

経済的な規模の大きさからその影響力では，各国のODAや国連をはじめとする公的国際機関の発展途上国に対して果たしている役割は計り知れない．公的な援助でしかできない領域は大きいことは事実である．だが，その限界も露

呈されており，最近は私的な組織の果たす役割が次第に注目されてきている．

公式ルートを仲介することで末端の福祉ニーズまで援助が到達しにくいことが指摘されている．その点では機敏な草の根的な運動に由来するNGOやNPOの活動の方が効果的である場合も少なくない．世界同時不況下で各国のODAが後退を余儀なくされている現在，依然として拡大傾向にある民間団体の社会福祉活動は非常に重要性を増している．

国際社会福祉協議会

1928年，ベルギーの医師であり公衆衛生学の専門家であったルネ・サンド氏の発案で創設された．社会福祉の向上，社会正義の実現，社会開発の推進を目的にして，関連する情報の収集および発信，当該テーマに関する国際会議の開催，地球レベルでの社会福祉や社会開発促進のための提言をし，そのための活動を実施している．

伝統あるNGO組織として，国際社会福祉協議会は国連機関にも認知され連携して活動してきた．世界社会開発サミットを開催したり，NGOフォーラムを開催したり，この領域におけるイニシャティブを発揮してきた．また，地域レベルの活動も活発である．アフリカ，アジア，ヨーロッパ，ラテンアメリカ，北アメリカの各地域での加盟国相互で地域固有の問題に対処している．

本部事務局はカナダのモントリオールにある．1998年現在，52ヵ国の国内委員会と14の国際団体，その他35の団体で構成されている．財源は加盟者の分担金，補助金（国連等から），助成金等が主であるが，財源の4分の1の分担金の半分は日本，ドイツ，フランス，カナダが負担している．

国際赤十字（IRC）

医療・福祉の領域での国際協力として，歴史上でもっとも早く活動を始めたものとして赤十字が挙げられる．1859年にスイス人のアンリー・デュナンによって提唱され，1863年に5人の委員会によって赤十字が発足した．そして，

戦争被害者の権利保護は1864年のジュネーブ条約に結実した.

条約では，野戦病院や陸軍病院は中立とみなして，施設や医師，看護師等の要員，また，傷病兵を救護する住民を含めて，戦争の攻撃対象としないことを規定した．さらに，傷病者は戦闘の敵味方に関係なく収容して看護することを明記した．関係者の記章としての白地に赤い十字の旗もこの時に定められた．

その後，国際赤十字がジュネーブ条約の実施を確保するために現在に引き継がれている．国際赤十字は，赤十字国際委員会，国際赤十字・赤新月社連盟，各国赤十字社の三つの組織で成り立っている．ジュネーブ条約に加盟する国々が188ヵ国ある．各国内の赤十字社は，175社ある．

アムネスティー

1961年に，ポルトガルの軍政下で拘禁された2人の学生の事件に抗議する目的で創設された．本部事務局はロンドンにあり，世界50ヵ国以上に約100万人以上の会員を抱える．世界48ヵ国に支部を持ち，約300人の職員を抱えている．アムネスティーとは「恩赦」を意味する．政治，宗教，信条，言語，性，皮膚の色等を理由に囚われている人の釈放を求め，拷問や死刑の廃止を訴え，人権擁護の訴えを広く行っているNGO組織である．

1980年代以降は，難民救済のための活動も活発化している．アムネスティーは政治的中立を基本原則として，各国政府や諸勢力に相対している．拘束を繰返す勢力に対しても，中立の立場から国際世論に訴える方法で地道に活動している．財政的にも，会員からの会費と一般市民からの寄付によって賄っており，特定政府等からの補助金は受けていない．

国境なき医師団

1971年にフランス人医師グループによって結成された．国際赤十字が政治不介入で中立の立場をとることで，世界中の戦場に入ることが認められた．つまり，単に医療や福祉の提供のみを目的とし，戦闘について発言しないことを

条件とすることで，いかなる勢力からも支持を得られたのである．

これに対して，国境なき医師団の理念は，医療援助をすることは同じであるが，現場で見たことを証言し，国際世論に訴えて行く姿勢をとる．創設以後，自然災害地域，戦争や虐殺の行われる地域に踏み込んで医療援助を展開してきた．1999年には功績が認められ，ノーベル平和賞が授与された．現在も，世界18ヵ国に支部を持ち，世界ネットを構築し，約3000人の医師が約80ヵ国で活躍している．工夫された物流システムで世界中に即座に出動できる態勢を常時維持している．

5　国際協力と国際社会福祉

経済協力と社会開発

これまで国際協力と言えば，一般的には経済開発を意味する場合が多かった．南北問題が論じられる際，南北格差とは北の先進工業国と南の農業国との間の経済格差であり，この格差を是正するのは南の工業化であるとして，経済開発を援助することが重要視されてきた．逆に，社会福祉領域での援助はお金をばら撒くだけであり，それが発展途上国の恒久的な経済的な自立に結びつくとは考えられなかったのであろう．発展途上国を経済的に自立させるには，経済協力が必要であると認識されてきた．

しかし，現実を見ると，南北問題は一向に解消されていない．貧しい人々はいつになっても貧しい状況から解放されない．発展途上国においては一握りの大金持ちと圧倒的多数の貧民という構造も現れた．経済開発が途上国の自立に貢献し，貧困も解消されるという仮説は見事に外れた．経済開発への先進諸国からの投資も，実は一時的な雇用創出に留まり，資本投下が終わると失業者が溢れ，一向に恒久的な経済的自立をもたらさなかった．

このことは先進諸国でも実証されている事実である．つまり，経済的な側面と社会的な側面は表裏一体をなし，一方だけの発展はありえない．さらなる経済

発展のためには，社会的な側面の発展が必要条件となる．

インフラ整備を中心とする経済開発の支援よりも，むしろ，生活基盤である教育や保健・衛生，医療，福祉といった社会的な領域への援助が発展途上国の経済的自立のためにはより必要であることが次第に理解されてきた．教育の普及により人材を育成することが，経済的な自立にとっても欠かせない要因である．

社会開発と社会福祉

国際社会福祉とは，社会開発の一環と理解できよう．それでは，社会開発は社会福祉を意味するのかといったら，ミスマッチがある．このことは，国際社会福祉が社会福祉の単なる地理的な延長線上にあるものではなく，質的な相違があることと関連する．

一般的な国内レベルの社会福祉は，しばしば単なる支出を意味する場合が多い．社会福祉予算をそれぞれの制度に応じて消費していく．そこでは，老人福祉は老人のため，生活保護は貧困者のため，障害者福祉は障害者のために支出されていく．法的には対象者の自立を促すことを目的としながらも，多くの場合において受給者の経済的な自立よりもむしろ生活上の自立に専念している場合が多い．

たとえば，日本で生活保護受給者は老人で病気の一人暮らしの場合が多数を占める．彼らが生活保護を受給しながら，経済的に自立していくのは非常に困難であるといわざるを得ない．発展途上国では，多くの若くて健康な人々も飢えている．彼らに食料や教育を保障することは，正に彼らの経済的自立に繋がり，経済発展にも貢献する可能性が高い．

先進国の国内の社会福祉と国際社会福祉とは，したがってまったく異なる使命を持ち合わせていると言えよう．国際社会福祉は，社会開発を目指した活動の一翼を担うものである．一過性のばらまき福祉であってはならない．貧困の緩和から，女性の社会的地位の向上，医療の整備，社会的弱者の人権擁護，教

育機会の向上，人的資源開発，行政機関の整備やNGOの育成と連携等，国際社会福祉の活動は福祉対象者の生活の改善のみならず，最終的には社会全体の発展に貢献しなければならない．

参考文献
［１］谷勝英編『国際化時代の福祉問題』八千代出版，1989年
［２］谷勝英編『現代の国際福祉』中央法規出版，1994年
［３］萩原康生『国際社会開発：グローバリゼーションと社会福祉問題』明石書店，1996年
［４］佐藤進『国際化と国際労働・福祉の課題』到草書房，1996年
［５］ジェームス・ミッジリィー著，京極高宣・萩原康夫監訳『国際社会福祉論』中央法規出版，1999年
［６］仲村優一・一番ヶ瀬康子編『世界の社会福祉：国際社会福祉論』旬報社，2000年
［７］藤田雅子『国際福祉論』学文社，2000年
［８］仲村優一，シン・ソプジュン，萩原康生『グローヴァリゼーションと国際社会福祉』中央法規出版，2002年
［９］ジェームス・ミッジリィー著，萩原康生訳『社会開発の福祉学』旬報社，2003年

第9章　ILOの社会保障政策

　社会保障の領域で，世界中の国々を対象として活動できるのは，国際労働機関（ILO）だけである．ILOの活動そのものが，国際社会保障政策そのものとも言えよう．この章では，まず，ILOの基本的な構造から明らかにし，その上でその政策内容について論じていこう．ILOについては，本書全体を通じて度々言及しているが，社会保障政策はILOの活動のごく一部にすぎない．ここでは，ILOの全体の構造から紹介する．

1　ILOの基本構造

ILOの歴史

　国際労働機関（International Labour Organization）は，第一次世界大戦後の1919年に，ベルサイユ条約に基づいて国際連盟の一つの機関として創設された．多くの国際機関が第二次世界大戦後の国際連合の誕生とともに設立されたのに比べ，ILOの伝統の古さが理解できよう．

　労働条件の国際基準を設定することが，世界平和のためにも必要と認識された．パリの平和会議においても，労働問題を国際的に扱うことが国際連盟創設に際しても最も重要なことの一つと位置付けられた．設立以来，ILOは1944年までに67の条約，73の勧告を採択し，雇用，失業，労働時間，休暇，賃金，夜業，社会保障等多岐にわたる成果を収めていった．

　第二次世界大戦により国際連盟が解散されるに至り，1944年の総会において改めてILOの目的に関する宣言（フィラデルフィア宣言）が採択された．ILOは独立した国際機関となった．そして，新たに結成された国際連合との協

力関係が確認され，1946年には国際連合と協定を結んだ最初の専門機関として位置付けられた．

　第二次大戦後は加盟国も増加し，1945年の52ヵ国から2003年時点で177ヵ国に達した．この間に採択された条約は114，勧告も116に昇る．また，戦後は技術協力が一つの活動の柱になってきた．特に第5代のモース事務局長時代に，多くの国際技術援助が具体的に実行されるようになった．1969年の創立50周年には，ILOの長年にわたる活動が評価され，ノーベル平和賞を受賞した．

ILOの目的と原則

　ILOの組織としての目的は，ILO憲章前文の「ILOの目的に関する宣言（フィラデルフィア宣言）」において明示されている．次の点に集約される．第1に，多数の人民に対する不正，困苦および窮乏を伴うような労働条件を改善し，社会正義を確立し，ひいては世界の恒久平和に貢献すること．第2に，そのため，完全雇用，生活水準の向上，団体交渉権の承認，労使の協調，社会保障および福祉立法の実現，教育および職業における機会均等などを助長促進することである．

　続いて，ILOの基本原則として，次の4点が指摘されてきた．第1に，労働は商品ではない．第2に，表現と結社の自由は，不断の進歩のために欠くことができない．第3に，世界のどこの片隅にでも貧困があれば，それは全体の繁栄を脅かす．第4に，欠乏に対する戦いは，労働者と使用者の代表が政府代表と同等の地位において，一般の福祉を増進するために自由な討議及び民主的な決定にともに参加する継続的かつ協調的な国際的努力によって遂行することを要する．以上4つの基本原則に基づいて，ILOは政策展開している．

ILOの組織

　ILOの組織としては，総会，理事会，国際労働事務局の三つから成り立って

いる．まず，総会は条約や勧告の審議，採択，各国の実施状況の審査，加盟国の承認，予算や分担金の決定等の基本的任務がある．各加盟国が4人の代表を送り，そのうち2人が政府代表，労使代表が各1人となる．

理事会は，条約や勧告の準備と加盟国との協議，総会および理事会の議事日程の決定，総会で採択された決議に基づく措置の決定，予算案や分担金の審議，条約・勧告の監督や苦情審議，地域会議の任務や権限の決定等，ILOの実質的に重要な作業に関する任務と権限が付託されている．

理事会は56人で構成される．そのうち，政府を代表する者が28人，労働者代表14人，使用者代表14人となっている．政府代表28人のうち常任理事国はブラジル，アメリカ，イギリス，フランス，ドイツ，ロシア，日本，イタリア，中国，インドの10ヵ国が当たっている．非常任理事国の18ヵ国と合わせて正規理事とする．副理事には別の18ヵ国が担当している．使用者代表や労働者代表に関しても，正，副それぞれ14人が任命されている．

国際労働事務局は，本部組織をジュネーブに置く．事務局長の下に事務局次長と事務局長補を配置し，その下に部局が連なる．事務局長は理事会によって任命される．本部の他に世界各地に地域事務所があり，通信員等を置いている．まず，地域総局として，アフリカ地域のアビジャン，アメリカ地域のリマ，アラブ地域のベイルート，アジア・太平洋地域のバンコクがある．

地域総局の下には名称は統一されていないが，支局や現地事務所等がある．支局としては，ワシントン，パリ，ロンドン，ボン，マドリード，東京に置かれている．現地事務所は主に技術協力の業務を行う．上級顧問事務所や通信員事務所を置いているところもある．また，技術協力の専門家集団が世界16ヵ所に置かれている．

ILOの財政

ILOの歳入は通常予算財源と予算外財源として国連開発計画からの資金，加盟国からの任意拠出金に基づく信託資金に分けられる．通常予算財源とは，加

盟国からの分担金を意味する．予算外財源は，主に加盟国への技術協力の費用に充当される．加盟国の分担金については，2003年を見るとアメリカが22.0％と最高の分担率となっている．続いて，日本の19.22％，ドイツの9.62％，フランスの6.37％，イギリスの5.45％，イタリアの4.99％，カナダの2.52％と続いている．

ILOの経費は総会で承認された割合で加盟国が分担金として拠出している．分担金は上限がアメリカの25％，下限が0.001％（27ヵ国）の間で国連が独自の計算方法に基づいて設定している．1974年以降2003年までの日本の分担率の推移を見ると，1974年の4.49％から2003年の19.22％まで約4倍に増加してきた．過去一貫して分担比率が上昇してきたが，最近の経済不況下で若干減少に転じた．

2 | ILOの活動内容

ILOの活動内容としては，次の三つの領域に分けることができる．第1は条約・勧告の採択と適用，第2は技術協力，第3が調査・研究活動である．それぞれの活動ごとに概略を見ていこう．

（1）条約・勧告の採択と適用

ILOの最大の活動は，国際労働基準の採択とその適用の監視にある．この活動はILO創設当初からの重要な任務である．国際労働基準としては，基本的人権，労働条件，女性や児童の雇用，労働行政，労働・社会問題等を広く対象とし，社会保障もこの一環に組みこまれている．国際労働基準には，条約と勧告の二つの形式がある．2002年現在で，184の条約と194の勧告が成立している．

ILOは労働条件における国際基準を普及することが使命であるが，社会保障は労働者の労働条件の一環として位置付けられる．社会保障政策のみを専門に

国際的な事業を展開する組織はない．逆に，ILO の社会保障政策は，実際には労働者の社会保障政策に限定されており，これが一つの限界となっている．こうした枠組の範囲内ではあるが，ILO は世界各国を対象に社会保障全般に関して国際基準を設定し政策展開している唯一の機関である．

社会保障条約の構成

現状では，ILO の社会保障に関する国際基準としては，各国を実際に拘束する条約の形では条約 102 号が社会保障全般にわたる最低基準を定め，批准国は条約の内容を維持することが義務付けられる．さらに，最低基準以上の高い基準については，各制度ごとの条約によって規定されている．当然ながら，各国の批准は条約ごとに行われる．

さらに，条約で規定されたものより高い基準の給付については，拘束力を持たない ILO「勧告」で明示している．こうした 3 段階の国際基準が設定され，各国を誘導している．ILO の国際基準は条約を基礎として，これを加盟国が批准することで法的拘束力を持つことになる．したがって，条約で設定される国際基準は批准しやすいようにするためには低い基準とならざるを得ない．それ以上の基準については，「勧告」によって定められ，低い基準を補完する役割を担っている．

最低基準に関する条約 102 号

既に第 4 章で取り上げたが，ILO 社会保障政策の核心をなす条約 102 号と個別制度の条約について，ここではより具体的な規定を見よう．この条約は，これ以前に締結されてきた社会保障の各制度ごとの条約を総括して，九つの社会保障制度について最低基準を定めたものである．九つの部門のうち最低三部門での受諾を条件として，この条約の批准が認められる．1952 年に成立したこの条約は，前掲の表 1（49 頁）で示したとおり，現在 36 ヵ国で批准されている．

現金給付については，所得比例給付では条約102号では賃金の40％〜50％が最低基準として制度ごとに設定されている．定額給付では，算定基礎となる賃金は男性の一般的（非熟練）労働者の賃金とされる．

年金の受給要件としての資格期間（拠出期間または雇用期間）を老齢で30年，障害と遺族で15年としている．また，年金，労災等の給付において，給付水準調節の原則（スライド制）を規定している．医療については，条約102号では病気一般に自己負担を認めるが出産医療には自己負担を求めないと規定している．

ILO条約102号には，公的扶助制度は盛り込まれていない．社会保険と医療給付のみを規定するものとなっている．また，同条約68条で外国人居住者の平等待遇を規定し，受給権の保障，給付停止の要件，異議申立て救済の権利，管理，財政，支給を国の一般的責任としている．

均等待遇に関する条約

ILOは創設以来「外国人と社会保障」を重視し，その保護のための条約や勧告を採択してきた．1935年には年金権保有条約48号が採択され，被保険者期間の通算と各国間の年金制度「整合化」が定められたが，批准状況は非常に低調であった．

1962年の均等待遇条約118号は，それまでの制度別に勝ち取ってきた成果を社会保障全般に適用させた重要な条約であった．ここでは三つの基本事項があった．第1は内外人の均等待遇，第2は外国居住者への社会保障の適用，第3は複数国で取得した社会保障の権利の保全に伴う加盟国の費用負担についてであった．

1982年には社会保障の権利保全条約157号が採択され，外国人の社会保障の保護は一段と前進した．この条約では，年金だけでなく九つすべての制度に適用が拡大し，外国人労働者だけでなく被扶養者を含めたすべての人に適用が拡大された．

（2）技術協力

　発展途上国に対して職業訓練や厚生・労働行政の整備，雇用開発等に関して技術協力することが，社会開発のための国際協力として重要な部分となってきている．国連は多様な分野において技術協力を展開してきたが，厚生・労働分野に関してはILOが専門機関としてこの使命を受けている．

　1966年には国連開発計画（UNDP）が創設され，技術協力のための資金援助を制度化した．戦後，旧植民地が独立し，国連に加盟したため，新たに技術的な援助へのニーズが高まったためである．ILOも技術協力を重視し，特に1990年代以降には，民主化の支援，貧困の緩和と雇用創出，労働者保護を優先課題として各種技術協力を展開してきた．

　現在，技術協力で対象分野となっている主な活動は，児童労働，雇用と開発，企業・共同組合開発，訓練，労使関係，労働行政，労働条件，環境，その他となっている．ここで，その他の分野の一つとして社会保障（途上国での社会保障制度の確立）が掲げられている．

　技術協力の支出額を分野別の活動実績で見ると，支出総額1億2175万ドルのうち，社会保護関係には11％が割り当てられていた．この支出額を財源別の推移で見ると，UNDPやUNFPAからの特別予算については，削減傾向にあることがわかる．マルチ・バイ，トラストファンド＊の特別予算のみが増加傾向を示している．

　技術協力の内容は多様であるが，近年重要視されているのは，児童労働，ジェンダーと雇用，ディーセントな雇用と所得等である．中小零細企業経営者の経営訓練から元兵士の社会復帰支援，農村での協同組合の設立，労働法の導入・改正，労使団体の育成，労使対話の強化から社会保障制度の開発も含まれる．

＊先進国が特定開発国の特定プロジェクトのために，直接ILOに資金拠出して企画から実施までを委託する方法である．

（3）調査・研究活動

1901年に，世界各国の労働法に関する情報収集を目的に設立された国際労働保護立法協会が，その後に創設されたILOの調査・研究活動へと繋がって行った．ILOの任務の一つとして，労働者の生活状態や労働条件に関する資料の収集と配布がILO憲章において明記されている．

このうち社会保障に関係するものでは，社会保護総局が加盟国の政労使による社会保障計画を策定し，効率的な運営を支援するための活動を展開している．そのための基礎情報として，各国における社会保障の調査研究と情報収集をおこなっている．社会保護総局が行う調査としては，『社会保障の費用に関する統計調査』が1949年以来3年ごとに行われてきている．

膨大な調査とデータの収集と分析を行うために専門の組織を持っている．ILO国際労働問題研究所，ILO国際研修センター，国際労働安全衛生センター，国際社会保障協会等がある．国際社会保障協会の起源は1927年にブリュッセルで設立された国際社会保険会議にある．1947年に現在の名前に改称された．この協会は加盟国の社会保障機関を会員として，各国の社会保障制度の情報収集にあたっている．

3 ILOの政策転換

国際機関間のイニシャティブ争い

ILOは今，転換期にあると言われる．ILOを政策転換に駆り立てている一つの誘引としては，国際機関間のイニシャティブ争いがあったように思われる．伝えられるように，現在，多くの国際機関が例外にもれず改革の時期にある．それぞれの国際機関が新しい動きを展望している．

国際機関の中で社会保障そのものを本来の中心的な政策対象としている機関はない．その中で最も近い存在は確かにILOであろう．だが，ILOの政策は必ずしも社会保障の全領域に及んではいない．WHOは保健・医療政策の領域

で活動しているし，UNICEF も児童の教育・福祉等の領域で成果を残している．また，その他発展途上国の経済や社会の発展や技術協力等を行う各種機関も存在する．おそらく，ILO にとって最も脅威なのは，世界銀行（World Bank）が社会保障の領域への関与を最近強化してきたことであろう．

特に，発展途上国の貧困問題に関して，いろいろな機関からアプローチがあり，ILO はここで独自性を示す必要があると思われる．世界各国の社会保障にとってこれまで最も貢献してきたのは ILO であり，今後も発展途上国のためになる政策を展開できるのは ILO であるという信頼を勝ち取る必要がある．

執行部の交替

1999年，ILO の事務総長にソマビア氏（チリの前国連大使）が任命された．長い歴史を持つ ILO において，はじめて発展途上国から選出された事務総長であり，組織的には非常に大きな意味を持つと思われる．また，ILO の政策転換を象徴しているとも言えよう．

近年，国連のアナン事務総長をはじめ，国際機関において発展途上国出身者のトップポスト就任が続き，発展途上国出身者の活躍が次第に顕著になってきた．先進諸国が独占してきた国連機関の主要なポストに発展途上国出身者が台頭していくことで，当然ながら政策転換も読み取れる．

これまでの国連機関の政策が，先進諸国中心主義であり，実際には偏った活動であったとの反省がある．より発展途上国の利益に貢献するような政策が打ち出されてきた．ILO もこれを契機として，発展途上国の社会保障の発展に大きく貢献できるような政策を模索していこうとしている．既に，その路線で動き出している．ILO に限らず，先進国の御都合主義的な運営から脱却し，真に発展途上国に貢献するような政策を目指して各国際機関が連携していけるような展開が求められている．

グローバリゼーション

　資本移動が活発化し，国民経済も大きく諸外国に依存するようになった．それに伴い，社会政策も必然的に外国からの圧力にさらされることが大きくなってきた．一国内の社会保障政策の次元から，国際的な社会保障政策の展開が必要になってきた．

　「グローバリゼーション」はもうかなり前から経済の領域で叫ばれてきた．だが，社会保障の領域は国内の文化，歴史，社会構造，価値観等を反映して形成されてきたものであり，各国の国内的な性格が強くなっている．こうした社会保障の領域にも，労働者の国際移動の活発化を受けて，グローバリゼーションが指摘されるようになってきた．発展途上国の貧困問題を見ると，もはや一国内では解決が不可能となっている．国際社会保障政策が検討されるべきであろう．

労働政策から社会保護政策へ

　社会保障の議論においては，「労働者保護から市民保護へ」と主張されている．立場によっていろいろな主張がある．だが，ILOが社会保護政策にこれまで以上に大きな関心を寄せていることは注目に値する．何故，今，ILOが社会保護を重要視するのか．この点がまず問われるべきであろう．

　ILOの活動は主として労働条件，労働者保護，労使関係等に関する領域であった．もちろん，社会保障に関してもいろいろな対策がとられてきたことは事実であるが，それでも重要度としては副次的なものに留まっていたように思われる．近年の経済不況下での雇用不安の拡大は，非常に大きな生活問題化している．長期失業者が増え，多くの失業者は失業給付を満了して，貧困化している．労働者の問題が職場のレベルでは解決不可能な状況に陥っている．

　もはや，労働者保護を目指した社会保障は時代遅れの概念となっている．社会保障の対象は労働者以外にも多く存在する．特に，経済不況の長期化によって，先進国においても貧困問題が深刻になってきている．

福祉国家の危機

「福祉国家の危機」が叫ばれて久しいが，ILO側ではジャーナリズムによって誇張されていると認識しているようである．もちろん問題は多いが，「危機」というよりは「ジレンマ」に陥っているとみなしている．

第1は，やはり社会保障財政の危機であった．政府が負担する社会保障支出が着実に拡大を続けている事実である．労働市場の状況悪化が社会保障拠出を削減させ，社会保障への依存者を増やし，再び政府支出を膨らませている．ほとんどの国々が社会保障支給水準の抑制を迫られている．

第2は，合法性の危機と言われるもので，社会保障の基礎をなす様々な社会的連帯が揺らいでいるというものである．たとえば，年金制度における世代間の公平性が問題にされている．賦課方式は世代間の連帯の上にはじめて成立するものであるが，その連帯も疑問視されてきているのは日本でも同様である．この他にも，社会保障はいろいろなレベルで社会的な連帯によって支えられている．これまで当然のごとくに正当化されていたやり方が，少数派勢力の拡大等によって，もはやもちこたえられなくなっているものもある．

第3は，モラルの危機と称されるものである．特定の社会保障給付を受けるために意識して資格要件を満たす行為をとる場合がある．失業保険給付を受給するために，就労意欲が減じられることがある．公的扶助の受給資格を満たすために貯蓄や労働を意図的に制限してしまうこともある．以前から社会保障給付に関しては悪用がつきものではあったが，現在は根底を揺るがす程度にまできている．

第4は，社会保障の適用に関する危機である．世界中の国々を見ると，社会保障が貧困者に最低所得を保障できない国が増えている．ほとんどのアフリカ諸国では，社会保障制度があっても国民のほんの一部しか適用対象に入っていない．世界的にも社会保障の導入の過程にある国々の中では，適用率の拡大に否定的な国が増えている．発展途上国だけではない．先進国においても適用率は減少してきている．日本における国民健康保険や国民年金の加入拒否者が増

えている事実もこれに該当する．

第5は，社会的ダンピングのジレンマである．外国企業を誘致するため，あるいは，国内企業を保護・育成するために各国政府が課税優遇策と同様に社会保障拠出の免除や削減等を企業に対して認める傾向がある．社会保障の貴重な財源である企業拠出が，こうした競争戦略の手段として利用されることは，社会保障の財政危機をさらに深刻化させてしまう．

第6は，労働自体のジレンマである．今日の労働形態は多様化している．正規社員の雇用契約に基づいた賃金労働者が社会保険の適用に際して前提であったが，現在はたとえばパート労働や派遣労働，外国人労働，任期制労働等々多様化している．さらに，ボランティアの労働や家事労働も問題にされている．社会保障給付の適用に際して，どの労働までが適用対象となるのか区分しにくいところがある．こうした危機やジレンマはほとんどの国において多かれ少なかれ確認される共通の現象であろう．

4 ILO 社会保障政策の限界

最低保障政策の欠如

ILO の社会保障政策はビスマルクを基本としていると言われてきた．つまり，ILO の基本的な使命である労働者の保護としての社会保障を目指している．労働者保護から具体的にターゲットになるのは，所得保障を中心とした各種社会保険制度である．結果を見ても，ILO が行ってきた政策は労働者を対象とした社会保険制度に関するものが主であった．逆に言えば，公的扶助や貧困対策，福祉サービス等については，ILO が果たした役割は非常に小さかった．この点が ILO への批判の一つであったように思われる．

元来，社会保障は国民の最低生活の保障と喪失所得の保障という二つの大きな目的を持っていると一般的には理解されてきた．社会保険は主に労働者の喪失所得の保障に貢献するものである．したがって，ILO は最低生活の保障とい

うもう一つの大きな社会保障の目的を最初から半ば放棄してきた．

　賃金や労働条件を交渉できる労働者は，実は恵まれている階層であると言われる．障害者，老人，病人等，いわゆる社会福祉の対象者の大多数は労働市場から締め出されており，彼ら彼女らの利害を代表する者は政労使のILOの交渉現場にも招かれていない．労働者代表が労働者でもないこうした社会福祉対象者の利害を代弁できるとは思われない．

　しかも，貧困問題は世界的な規模でますます深刻になってきている．発展途上国にあるおびただしい貧困だけでなく，先進国においてもホームレスが増え，豊かさの陰で貧困者が着実に増えてきている．先進国では近年所得格差が拡大傾向にあり，社会の不平等度が大きくなってきている．富める者はますます富み，貧しい者はますます貧しくなる状況である．こんな時に比較的恵まれた労働者の権利保護ばかり唱えるILOは，もはや人気を失うのは当然である．

発展途上国対策の限界

　ILOの重要な使命は，世界中に社会保障制度を普及させることであった．実際にある程度の成果は残してきたが，その限界も露呈してきたように思われる．社会保障が必要なのは先進国よりも発展途上国であろう．先進国はILOの政策如何にかかわらず独力である程度問題を解決していく力がある．ILOは発展途上国への社会保障の技術援助等をおこなっているが，新たな社会保障の導入は進展していない．社会保障の最低基準に関するILO条約102号に関してもそうであるが，ILOの政策の実質的な対象は主として先進国となっている．

　ILO条約102号については，前述のように現在のところ世界で36ヵ国が批准している．この36ヵ国の中で，アジア諸国では僅かに日本だけである．日本でさえも，傷病，失業，老齢，労災の四つの制度のみを批准している．何と言っても，欧州諸国の批准が最も多い．南米諸国は予想以上に，批准状況が水準の高さを示している．アフリカでもザイール，セネガル，リビア，モーリタニア，ニジェールの国々が批准している．こうして比較すると，アジアは社会

保障が世界でも最も遅れた地域であることが理解できる.

　法定の社会保障制度が確立されていないことだけでなく，法定社会保障制度が存在する国においてもこれが有効に機能していないという問題がある．確かに法定制度があっても，その適用対象が国民のごく一部の特権階級等に限定されている国もアジアでは少なくない．また，適用対象が限定されていなくても，実際にはうまく機能していない国もあろう.

積極的に介入できない理由

　ILOの課題としていくつかの点を指摘したい．第1に，ILOは独自の大きな資金を持っていない．ILOに限らず国連機関は財政問題を抱えている．加盟国の拠出金からなる独自財源には限界がある．救済のためには，どうしても，真っ先に大きな財源が必要となる．日本をはじめとする特定国政府，あるいは，IMF，世界銀行等の国際機関の財政支援があってはじめてILOの活動する舞台が準備されるのである．常に，スポンサーがいなければILOは何ら行動できない立場にある.

　第2に，ILOが行うのは調査，情報収集，技術的援助等であり，当然であるが補助的な役割に過ぎない．簡単に言えば，ILOはあくまで各国政府への助言者に過ぎない．決して，手を差し伸べて直接助けてあげる救済者とはならない．当然ながら，各国は最終的には，自分で決定し，自分で行動し，自分で責任をとるしかない．各国自治が大前提となる．いくら国際世論の支持があっても，当該国政府が意思決定しなければ，ILOは援助すらできない．助言的な役割でさえも，各国政府の強い要請と自らの改革の意志と実行力がなければ，ILOの力は発揮されない．当然ながら，ILOは勝手に国内政策に介入することができない.

　第3に，国内の政・労・使の三者構成がILOの進めてきた労働・社会問題関係の交渉の基本であるが，この基本構造も必ずしもアジア諸国では整備されていない．労働組合の組織は一般的に未成熟であり，全国的に統一されていな

い．使用者団体も多くの中小企業まで統合されていない．つまり，問題解決の手段を持たないことになる．各国の社会保障を確立するために，ILO は労働組合の組織化まで手助けしなくてはならなくなる．仮に労働組合の設立を支援しようとしても，これが国民の実質的な認知を得られるかは疑問である．

以上の特徴は ILO の救済策の限界を示しているが，しかし，それでも ILO は重要な役割を担うことに変りはない．良き社会改革を助言し，側面から支援し，国際社会の基準に発展途上国を方向付けて行くことは非常に重要である．国内レベルで解決のつかない各国の貧困や不平等の解決のために，国際社会からのアクセスが必要である．たとえそれが弱い力であっても，それしか道が残されていないし，実際に多くの人々がそれによって救われてきている．

5 ILO の新たな課題と展望

以上の議論を経た上で，ILO が今後どのような新たな政策を展開すればよいのか．最近，ILO が打ち出している主な挑戦の内容を紹介しよう．まず，世界各国の社会保障を見ると，二極分化が明瞭である．一方での先進諸国の社会保障の議論は既に社会保障体系が整備された後の改善策が中心となるが，他方で発展途上国では社会保障の導入自体を進めていかなくてはならない．先進国の議論は社会保険が中心となるが，発展途上国では最低所得保障が重要になる．ILO の政策に関しても，両者に対して異なるメニューが必要となろう．もちろん，共通する政策もあるが，異なる次元でさらに政策的に強化していくべきであろう．

(1) 社会保障の適用対象の拡張

ILO の社会保障政策の使命は，くり返し述べたように世界中の国々に充実した社会保障を普及させることである．この使命は，創設当初からの使命であるが，現在でも最も重要なテーマでもある．

労働者保護からの脱皮

ILOの行ってきた社会保障政策は，その組織の使命から，主として労働者保護として位置付けられてきた．そこでは，すべての労働者が何らかの雇用に携わっていることが前提とされていた．つまり，ILOはビスマルク主義に基づいていると言われる所以である．だが，この前提条件にはもともと無理があり，しかもその無理がますます大きくなってきている現状がある．

国際的に見れば，発展途上国においては大多数の国々がまだ社会保障制度を確立していない．しかも，社会保障の適用されない人口は多数を占めている．適用率はアフリカ，南アジア，中央アメリカの多くの国々においては僅か5％から15％に過ぎない．先進国でも社会保障の適用されない場合も少なくない．アメリカでは約4000万人に健康保険の適用がない．

また，先進諸国において，近年，雇用形態の多様化等の影響を受けて，また，市民の価値観の多様化もあって，社会保障の強制適用が技術的に困難となったり，意図して適用を回避する行動が増えてきている．その結果，社会保障の不適用が社会的に目立ってきている．

世界の国々を概観すると，三つのタイプが想定できよう．第一に，ほとんどの先進諸国と一部の東欧諸国に典型的なように，特定の社会保障給付については100％の適用が実現しているが，そうでない給付も存在するタイプである．これらの国々では，既存の社会保障体系に沿って，適用率の拡大が実現できよう．第二に，多くの東欧諸国や所得水準が中くらいの国々の場合で，社会保障の適用率が50％を超えない国々であり，今後は既存の制度を中心に新たな制度を組み合わせることで適用率の拡大を図ろうとしているタイプである．第三は貧しい発展途上国で既存の制度では適用率の拡大が見込めずに，新たな構造改革が必要なタイプである．

雇用のインフォーマル化

他方，社会保障の不適用に関して別の問題もある．雇用のインフォーマル化

が進行し，社会保障の財政にも影響が現れてきている．具体的に言えば，これまで一般的であった通常の正規フルタイム労働者が前提であった世界から，もはや，パート労働，臨時労働，派遣労働等の非典型的な労働形態が増大しつつある．

現在の社会保障制度は，フォーマル・セクターにおける賃金労働者を対象にして設計されている．企業は社会保障拠出をこれ以上増やしたくはないし，できれば削減しようとしている．したがって，雇用のインフォーマル化は企業責任を軽くして，政府責任や労働者間の連帯への依存を重くする方向に向かっている．他方，インフォーマル・セクターの労働者本人は，できれば高額の社会保障拠出を回避したいと考えている．彼らは健康保険や生命保険等の当面の保障ニーズがあり，それを補塡する制度を優先したいと考えている．つまり，社会保障ではなく，民間保険を求める層である．

過去約10年間にわたって，自営業者を中心としてインフォーマル・セクターの団体が独自の自治制度を創設してきた．NGOや共同組合等はこうした政府制度と別個の組織に理解を示してきた．だが，雇用形態の確固としていない層を結集することには困難が伴う．そこで，もう一つのやり方として社会保障制度の枠内で，通常制度とは別個に低額の新たな給付制度を創設する試みがあった．

過去約50年間にわたって，ILOをはじめ各国際機関はフォーマル・セクターにおける社会保障の適用の拡大を働きかけてきた．このトップ・ダウン政策は，参加的なボトム・アップ政策に転換する必要に迫られている．具体的には，インフォーマル・セクターの労働者を統合するような特別な社会保険制度や公的扶助制度を創設すること，旧来の制度をこうした未組織グループに適用拡大すること等の検討がパイロット活動として行われつつある．さらに，ILOでは社会的排除や貧困への対抗策がこの対策に続いて計画されている．

ILOはこれまで政労使の三者構成で運営され，意思決定されてきた．低所得者層を対象とするような社会保障の問題に関しては，もはや，この三者構成で

は不充分になってきている．地方自治体，インフォーマル・セクターの労働者を代表する諸団体，NGO のような低所得者の利害を代弁できるような仲介組織，さらに民間保険会社の団体等も議論に加わるべきであろう．

適用拡大への新たな戦略

既述のとおり，ILO の本来の目的は，自由，平等，人間としての尊厳を条件として見苦しくなく生産的な労働の機会を男女平等に提供することを促進することである．社会保障は，この見苦しくなく生産的な労働にとって重要な構成要素を成しており，人権の一つと認められる．

アジア諸国をはじめ，多くの発展途上国に共通する大きな問題は，社会保障制度を確立しても，その適用が特定の階層に限定されていることである．たとえば中小企業や自営業者等を適用対象から除外している場合が多い．また，国によっては，労働者の大半がインフォーマル・セクターに属し，各種法律の適用が及ばないことになっている．

経済の目覚しい発展の過程においても，このインフォーマル・セクターは必ずしも後退していかなかった．アジアの金融危機に際しては，逆に，インフォーマル・セクターは大きく拡大したことは間違いない．国際機関や当該国政府が最初に行うべき社会保障改革は，適用対象の拡大であり，最終的には全国民のための社会保障を構築することである．折角，社会保障があっても，金融危機の主たる犠牲者がその適用の恩恵に与れないならば，何の役にも立たないことになる．

ILO は各国政府，労使関係団体，NGO，地域共同体と交渉して，適切な社会保障政策を推進している．特に，新しいグローバルプログラム STEP (Strategies and Tools against Social Exclusion and Poverty) が活動を始めている．その事例として，発展途上国におけるインフォーマル・セクターの医療保障制度の普及に力を入れている．フィリピンでは地域共同体レベルでの社会保護制度，特に医療サービスの導入が行われている過程にある．ベトナムでも同様の

プロジェクトが始まっているし，インドネシアではこれから始められようとしている．特に，保険原則に基づいた健康保険制度のインフォーマル・セクターへの適用拡大が目指されている．

ILO の社会保障局は，社会保障の専門家チームを組織して，加盟国の要請に応じて社会保障導入のための技術協力を行っている．これが ILO の活動のうち実際には最も大きな意義を持つと言われている．「ILO の社会保障プログラムの主要な目標は，政府，社会保障制度，労使団体，および適当な場合には NGO のそれぞれの役割を強化し，それによって改革の長期的な持続を保証し，とりわけ訓練制度を優先的に技術協力の対象とする．(2001 年の ILO 第 89 回総会議事)．」

さらに，前述のとおり，ILO がビスマルク主義に基づいた社会保障を志向しており，これを発展途上国においても普及させようとしているが，途上国が本当に必要としているのは別のタイプの社会保障ではないかとの批判も寄せられている．発展途上国の多くは素朴な産業を中心にしている．工業は未成熟であり，賃金労働者階層も大きくないし，また，未組織でインフォーマル・セクターに属す場合が多い．

このような社会に職域を基礎とした社会保険制度を導入することはかなり困難であろう．また，それよりも，圧倒的多数の国民が貧困階層にあるような国では，喪失所得の保障よりも，最低生活保障の方がはるかに重要であり，緊急でもある．つまり，発展途上国が真に必要としている社会保障と ILO が普及させようとしている社会保障とのミスマッチが批判されているのである．先進国で形成された社会保障が必ずしも発展途上国で有効とは限らない．異なる社会は異なる制度を必要とするはずである．

(2) 最低所得保障の整備
世界的な貧困対策

先進諸国においても不平等度が拡大し，貧困問題は発展途上国に限らず，ほ

とんどすべての国の問題となってきている．その意味で，すべての人の最低所得保障がますます重要性を増してきている．これまで貧困対策に積極的でなかったILOも政策転換を強いられている．

最低所得を保障する手段としては，次の八つの方法が考えられる．
①最低賃金，②社会保険の拡張，③社会扶助（資力調査に基づいた），④賃金補助，⑤税的控除，⑥負の所得税，⑦企業の従業員福祉，⑧市民の所得保護（市民権に基づいて無条件で付与）

それぞれの手段に一長一短があり，適用の条件や支給方法が異なる．この他にも何らかの手段があろう．たとえば，「消費者補助（consumer subsidies）」制度も再検討する価値がある．今後，どのような手段で，最低所得を保障していくのか，重要な問題である．

ほとんどの国は憲法で国民の基本的人権を保障しており，これに基づいて最低限の生活保障を国が具体化している．先進国でも，発展途上国でも，それぞれ国内での貧困対策が必要性を増している．発展途上国における野放しの貧困問題に対し国際社会がどのように貢献できるのか，ILOも今後具体化に迫られている．

これまでも豊かな北の国から貧しい南の国へ莫大な資金が提供されてきた．だが，多くのこうした資金は南の政府によって主として経済発展に向けられてきた．経済発展が当該国の貧困の解消への第一歩であると考えられたからである．ところが，実際には，その資金は貧困者にまでたどり着かないことが多かった．南の国々の貧困者に直接振り向けられる資金が求められる．

国際的なセイフティーネットの形成

最近のアジアの経済危機は，金融市場の短期的な変動によって大量の貧困者が出現することを証明した．世界銀行やその他の国際金融機関は，経済成長と社会的発展こそが貧困解決の最短の道であると考えている．さらに，貧困問題の解決のためには社会的セイフティーネットが必要とされる．社会的セイフテ

ィーネットとは，社会保障制度全般に職業訓練や企業融資制度等も含めた広い概念であり，社会の基本構造の整備にも貢献するものである．さらに，社会基金の創設によって，比較的短い期間に官僚制の弊害を除去し，社会的変革をもたらす直接的な効果も期待される．

1990年代になって国連は発展途上国における貧困問題に関心を強めていった．そこでは多くの国民が医療サービスもなく，教育の機会もなく，水道や住宅もない状況の下で暮らしている．国連でも具体的な対策がいろいろと検討された．

ILOが主張しているのは，すべての人が最低生活保障への権利が認められるべきであるというものであった．つまり，最低限の社会サービスや社会的セイフティーネットが世界中のすべての人に対して準備されるべきである．人に人的保障を提供するのは，必ずしも当該政府だけではなく世界共同体にも責任がある．普遍的な人的保障の達成には，国際的な財源からの連帯拠出が必要となる．

ILOが主張する社会的セイフティーネットは三つの要素から構成される．第一は雇用創出策である．第二は教育と保健医療の適用化である．そして第三は公的扶助や食糧援助等の直接的な現金・現物給付である．このための財源を当該国政府が調達することはきわめて困難である．当該政府は経済政策を優先させて，この種の社会政策は後回しにされるからである．

こうしたお金の問題も確かに大きいが，もう一つの社会的セイフティーネットの問題は当該国の地方自治体の行政能力にある．当該国の地方の行政においては必ずしも民主的で公正に機能していない場合が多い．適切な運用を行うためには，他に労使団体やNGO，その他の協力団体の支援が必要となろう．

発展途上国の最低所得保障

低所得の国々は社会保障も未整備の状況である．ILOの最初の挑戦はすべての人々への最低所得の保障と基本的サービスを実現することである．低所得国

の政府には，独力でこの課題を達成する能力がない場合もある．

　国際社会からの援助なしでは，低所得国の貧困問題の解決は期待できないのが現状である．そこで，ILO は国際社会を統括する役割を担っている．また，これらの国々では，既に地域自治体，民間団体，労使団体等により様々な試みが試行されてきた．ILO はこれらの試みを評価し，有効性を高めることができるように助言し，支援していくことができよう．そして，そうした各国内のとり組みと国際社会からの支援を結びつけていくことが ILO の重要な任務となろう．

（3）その他の重点政策

社会保障と男女平等

　アジア金融危機は，女性により大きな影響を及ぼした．それは雇用の問題だけではなく，市民生活のレベルでも同じことが言える．もともと女性労働者が多いような家内労働，パート労働等においては，社会保障制度の適用が不十分である．また，正規雇用であっても，女性労働の場合は結婚や育児，介護等の家庭内の事情によって職歴が中断することが多く，ここでも社会保障制度の適用には問題を残すことになる．

　他方，女性労働者が中小企業に比較的多いことも社会保障の適用に影響する．タイでは，全労働力人口の 18% に相当する従業員 10 人以上の企業にのみ社会保障制度が適用される．韓国でも同様の措置がとられ，結局，1995 年の失業保険導入時に男性労働者では 52%，女性労働者の 32.2% が失業保険の適用を受けていた．

　タイでは疾病，出産，障害，遺族について社会保障基金が形成されているが，児童手当はまだ導入されていない．このことは，子供の養育を主として任される女性にとって非常に大きな重荷となる．扶養者への社会保障の適用も配慮が欠けている．

　インドネシアでは，健康保険と退職年金を社会保障として運用しているが，

健康保険は所得保障のための現金給付を準備していない．出産手当は一般的に使用者が財政的な負担をすることになっているが，金融危機に際して使用者がこの負担を拒否したため，その後は労働者や国の負担に傾いているところである．出産休暇制度の費用は分担されるべきである．使用者のみの負担とされれば，使用者が女性を雇用することを控えてしまう．

フィリピンでは，社会保険制度は男性と女性は同様の給付が準備されているが，女性は出産手当のみを請求することができる．つまり，男性加入者に扶養される配偶者は社会保険給付から適用除外されている．働く女性が失業すれば，出産手当の受給権も失うことになる．インドネシアでも，社会保険は子供や夫を除き，既婚の女性労働者で家計支持者である場合にのみ適用される．このような直接的な女性への社会保障の適用上の差別は，国際的に見ても早急に改正されなければならない．

高齢者の参加促進

先進国に限らずほとんどの国で平均寿命は次第に長くなってきており，高齢化社会になっている．高齢者の雇用機会の確保，そして，年金や医療制度の財政が大きな課題となっている．中小企業で働く労働者が多く，そして，インフォーマル・セクターの労働者も多い発展途上国では，生活保障や医療サービスを困難にさせている．

発展途上国では，教育の普及や早期退職等によって労働力率は低くなってきている．社会保障の年金の支給年齢より前に，フルタイムの職から離れることも多く，今後の人口構造の高齢化への対応が懸念されている．発展途上国においては，退職行動は賃金労働者とインフォーマル・セクターの自営業者との間でかなり異なる．後者が多数派を占める国も多い．

高齢者の雇用機会が阻害されているのは事実であり，改善の余地がある．雇用だけでなく，様々な高齢者の社会参加がより開かれるべきであろう．このことは先進国にも共通する課題となろう．

失業保険制度は失業者の一時的な所得の保障を目的として設計されている．ところが，近年では長期失業が最も深刻な問題となっており，失業保険の限界が露呈されている．そして，言うまでもなく，長期失業者は高齢者に多い．多くの国々で，障害者給付の受給者が着実に増えてきている．とりわけ，50歳以上の年齢層において，障害者給付の受給者が増えている．このことは，多くの場合，長期失業と深い関係があるようだ．

　医療費の高騰も各国共通の問題であろう．特に，注目されるのは，長期介護を必要とする場合であろう．統計上，死亡した年とその前の年に，医療費は急上昇する．この急増する医療費の財源を国と個人との間でどのように負担していくか，今後の大きな課題となる．

　年金制度に関しても各国で改革が続けられているが，高齢化によるインパクトを和らげるための切り札は女性のさらなる労働力化であろう．年金財政の健全化のためにも，女性の雇用が促進されなければならない．

グローバルな年金資金投資

　年金給付はますます金融市場に依存しつつある．多少の相違はあれ，各国の公私年金制度は様々な投資手段を経て，その配当によって大きく影響されている．多くの国々では，年金基金は国内の金融市場，とりわけ国債に投資されている．巨額の年金基金は，今や投資の高利と安定を求めて国際投資市場を視野に入れて危険を分散するため多様な投資行動をとろうとしている．

　さて，年金基金の運用をめぐっては様々な議論がある．単に投資家としての配当のみを優先すれば良いのか．あるいは，労働者の利益を代弁するために，社会的，公共的な配慮を運用方法にも規定すべきか．基金の規模が大きいために，運用方法次第ではその市場への影響力は大きい．

　年金基金に関しては，課税制度の在り方が大きな問題となる．通常，年金拠出に関しては何らかの税的優遇策が講じられている．また，国によって異なるが，投資利益（配当）についても課税免除や少なくとも課税軽減が認められて

いる．何故なら，年金受給の際に課税対象になるからである．

他方，国際金融市場への投資は一般的には課税されないか，されてもごく僅かである．したがって，年金でも国際金融市場に投資された分については低い税額に抑えられている．ところが，近年，発展途上国の中にはIMFや世界銀行の提案に従って，国内の年金基金等に対して課税を始めた国がある．

広い意味での国際的な連帯を形成するためにも，先進国の年金基金が発展途上国をはじめ東欧諸国等の経済発展に貢献できるように，ますます，国際金融市場に投資されるべきとの意見も専門家の間でも多い．この点，特定国が不利益を被らないようにするために，各国間の調整が必要になる．

21世紀の「人的保障」の促進

1990年代は非常に厳しく不確実な時期であった．経済的・社会的な変動に対して，最も重要視しなくてはならないものは人的保障（human security）であるとILOは考えている．ILOが想定している「人的保障」とは，男女平等，最低限の所得，保健や職業安全，労働能力開発・訓練への機会提供，その他諸々の社会サービスを含む概念である．

就業形態の多様化は労働組合の組織率も低下させ，労働者保護のネットは狭くなりつつある．ILOは新たな時代に適合した「人的保障」を提唱する．それは，労働との関係を保障するものである．つまり，異なる社会における「人的保障」の度合いを客観的に測定する社会指標をILOは考案している．これにより各国の政策立案者は，自国の「人的保障」の状況を国際基準から客観的に評価することができ，将来の政策立案にも役立つであろう．この計画は，とりわけ低所得国，そして，女性をターゲットにしている．

21世紀における雇用はますます弾力的になると予想される．個人においても，ほとんどの人が生涯の長い特定期間にわたって労働に完全に従事するのではなく，比較的自由に個人の意思に応じて労働市場と私生活を行ったり来たりするような社会になるであろうし，就業形態もそれにつれてますます多様化し

ていくであろう．問題はその多様化に沿って，如何に「人的保障」を確保していくかということである．当面，ILOは政府，労働組合，使用者団体の三者協議の場で，多様化する就業形態の過程における「人的保障」について検討を要請していく予定である．

国際的な移民保護への挑戦

ILOは長年にわたって移民労働者の保護を訴えてきた．近年の移民の動向は量的にも質的にも新しい特徴を呈している．これに応じてILOも新たな計画を持っている．まず，よりよい生活を求めて国外に移住することは短期的にはいろいろな問題が発生するが，長期的には国際的な視野からすれば好ましいことであり，移民の適切な保護に関しても国際的な合意を形成することが当面のILOの目標となる．

興味深いことは，ILOが男女平等待遇と照らして，移民女性の権利保護を強調している点である．若い女性の移民受入れを拒否している国もある．夫が移民となり，その家族として呼び寄せられた妻の場合もあれば，女性労働者として移民となる場合もある．いずれにしても，女性移民の方が問題が多い状況にあり，ILOも政策対象としている．

最近の大量移民の背景には，仲介業者が存在する．国際的な組織となって，各国の規制の網の目をかいくぐって不法な仲介をしている悪徳業者の事例も多くなっている．ILOは，各国の移民政策，そして，こうした仲介業者への対応等に関して実態調査して，国際的基準に基づいた規則を作成する計画である．グローバリゼーションの21世紀にあって，このことはILOに求められる非常に重要な課題であるといえる．

失業者の社会保障

現在，失業給付に関する不満や不安が増大している．大量失業に加えて長期失業，そして，若年者失業に関して，旧来の失業保険給付は充分に対応してこ

なかった．さらに，就業形態の多様化によって，失業保険の適用除外者も急増している．失業保険制度の改悪によって給付内容も後退してきている．以上は先進国に共通する状況であるが，発展途上国では問題は一層深刻である．失業保険がなかったり，あっても一部の労働者のみに適用が限定されている．

　ILO は失業保障の在り方を再検討している．失業保険制度だけでなく，それに代わる手段を模索する必要を感じている．特に，失業扶助制度との連携，さらに，家族状況や就職状況，熟練度，経済情勢等を考慮した総合的な失業者保護制度の構築が望まれる．いずれにせよ，増大しつづけるインフォーマルセクター，非典型的な雇用下にある労働者も保護の対象に加われるような失業保障制度を新たに検討しなければならない．

職場の労働者保護

　社会保障に大きな影響力を持つ要素として，企業内の様々な労働者保護制度も重要性を増している．近い将来，特に重要性を増すものとして，ILO は職場における保健・安全と賃金以外の企業による給付やサービスに注目している．これらの制度は主として先進国の場合であるが，発展途上国においても今後は大いに可能性があると ILO は考えている．

　世界中で報告されている事例だけで年間 2 億 5 千万人が職場で災害に遭遇し，33.5 万人がそのために死亡している．職場の保健衛生・安全対策は，ILO がこれまで同様に今後も最も重要な対象としている．ここでも新たな問題は，インフォーマル・セクターでの労働災害や職業病にどう対処するかである．また，男女平等待遇もここでも重要な課題となろう．

　さらに，20 世紀末に次第に問題化してきた労働ストレス，過重労働，過労死の問題も ILO は注目している．特に，労災や職業病はこれまで主に肉体労働者の問題として認識されてきたが，ホワイトカラーを含むすべての労働者の問題として，ILO も取り組まなければならない．

　保健・医療政策に関しては，ILO はあまり顕著な成果を収めてこなかった．

ILOの提案に対して，多くの国における国民の多数が医療制度の導入を拒否したためである．ILOは政府主導の一元的な健康保健制度の導入ばかりでなく，今後は地域の保健政策やその他のレベルでの保険等，国情にあった多様な保険・医療制度の導入を支援していこうと考えている．この領域では，ＷＨＯや世界銀行等の国際機関との連携も必要となろう．

介護労働者の保護

　介護労働に携わる人の数は急増している．介護労働の担い手はボランティアであったり，家族であったり，地方の福祉職員であったり，私立の病院職員であったり，国や自治体の公務員であったり，様々な形態がある．だが，共通していえることは，どれも片手間な労働ではなく非常に重要な労働であり，しかも，その従事者のほとんどは女性であるということである．

　先進諸国で介護保障制度が導入されつつある．それにつれて，介護労働が今後急増することは明らかである．ところが，介護労働者について，その多様な形態にもかかわらず，彼女らの社会的保護については，ほとんど議論されていない．政策担当者は，その基本原則すら持っているとは思われない．

　今後，介護労働者は明らかに増えていくであろう．特に，民間市場において介護労働者が急増していくに間違いない．一方でこうした新規労働力として正規の労働者が出現するが，他方でインフォーマルな介護労働者もなくならないであろう．ここでも，インフォーマルな介護労働者の社会的保護が問題となってくる．

　ILOはこの介護労働に関して適切な報酬や労働条件，そして社会的保護を提案し，各国に助言していきたいと考えている．この問題は他方で女性の労働を社会的にどのように位置付けるかという意味ももっている．ILOがこれまで特別な扱いをされてきた女性による介護労働を社会的に正しく評価する手法を開発していこうとしている．

最低基準の再検討

　ILO 条約 102 号は，社会保障に関しては ILO の役割の中で最も重要な部分となっている．ところが，最近の各国の経済・社会の変革，そして社会保障改革の過程において，時代にそぐわないのではないかとの疑問も表明されている．各国で基本制度が動揺している時に，敢えて揺るがぬ基準を示すこと自体非常に重要なことと思われるが，部分的には基準を再検討する必要がある．ILO の最低基準がそれぞれ今後も有効であるのか，有効でない場合にはどのような修正が必要か，残された課題は多い．

　特に，現在のところとりわけ修正が必要と思われるのは，男女平等と女性の特別なニーズへの対応についてである．さらに，度々触れてきたように，インフォーマル・セクターに属する人への社会保障の適用についても基準が必要と思われる．インフォーマル・セクターが世界的に益々増加しているため，ILO もこれを無視するわけにはいかない．

参考文献

［1］Dixon, J. & Kim, H. S. (ed.), *Social Welfare in Asia*, Croom Helm, 1985.
［2］Islam, R., *Social Dimensions of Economic Reforms in Asia*, ILO, Geneve, 1994.
［3］ISSA, *Current Social Security Issues in Asia and the Pacific*, Manila, 1997.
［4］Lee, E., *The Asian Financial Crisis : The Challenge for Social Policy*, ILO, 1998.
［5］Somavia, J., *People's Security : globalizing social progress*, ILO, Geneve, 1999.
［6］Van Ginneken, W., *Social Security for the Excluded Majority : case studies of developing countries*, ILO, Geneve, 1999.
［7］Betcherman, G. & Islam, R., *East Asian Labour Markets and Economic Crisis*, World Bank, 2001.
［8］高橋武『国際社会保障法の研究』至誠堂，1968 年
［9］N．バルティコス著，吾妻眞一訳『国際労働基準と ILO』三省堂，1984 年

［10］吾妻眞一『国際労働基準法・ILO と日本・アジア』三省堂，1997 年
［11］ILO 編『ディーセントワーク：働く価値のある仕事の実現をめざして』ILO 東京支局，2000 年
［12］労働省編『ILO 条約・勧告集（第 7 版）』労務行政研究所，2000 年
［13］ILO 編，渡辺記安訳『社会保障年金制度（上）』法研，2001 年
［14］（財）日本 ILO 協会（編）『講座 ILO：社会正義の実現をめざして 上・下巻』2002 年
［15］（財）日本 ILO 協会（編）『ILO のあらまし』2002 年
［16］保坂哲哉「国際社会保障思想の潮流」氏原正治郎他編『社会保障の思想と理論』総合労働研究所，1980 年
［17］樋口富男「国際労働機関（ILO）の軌跡」伊部英男・福武直編『世界の社会保障 50 年』全国社会福祉協議会，1984 年，1-27 頁
［18］Van Langendonck, J., Le role des organisations internationales dans le dévelopment de la sécurité sociale, 1994. 岡伸一訳「社会保障の発展における国際機関の役割」『海外社会保障情報』No. 112, 1995 年, pp. 19-29
［19］後藤勝喜「国際社会保障」古賀昭典編著『社会保障論第 2 版』ミネルヴァ書房，1995 年，63-91 頁
［20］岡伸一「労働者の国際移動と社会保障の調整」永山武夫先生古希記念論文集編集委員会『国際化と労働問題』前野書店，1996 年，15-25 頁
［21］岡伸一「ILO の新たな社会保障政策：危機からの挑戦」労働大臣官房国際労働課『海外労働情勢月報』1999 年，2・3・4・5 月号，31-43 頁
［22］岡伸一「アジア金融危機と ILO」，（財）日本 ILO 協会『世界の労働』2000 年 7 月号，2-19 頁

第10章　EUの社会保障政策

　ILO が世界中の国々を対象とした政策を実施しているのに対して，EU は当然ながら欧州に限定した活動を展開している．しかし，政策の中身を見ると，ILO は世界各国の相違や複雑性から非常に慎重な政策に終始しているのに対して，EU は先進の福祉国家を対象としているため非常に積極的な対策がとれる．つまり，世界で最も進んだ国際社会保障と言えよう．なお，本来 EEC，EC，EU を時代順に区別するべきところであるが，現況を優先して本書では一般的な意味では広く EU を使用する．

1 ｜ EU の基本構造

EU のあゆみ

　かつて世界の繁栄の中心であった欧州も，二度の世界戦争を経て疲弊しきっていた．経済力では，アメリカやソビエトの両大国に対して相対的に存在感を低下させていた．欧州の復活を期して，アメリカ合衆国のように，欧州諸国も結束して大国に対峙することが構想され，欧州統合が展望されてきた．

　1957 年のローマ条約によって，翌年 EEC（欧州経済共同体）は経済的な目的を明確に掲げた組織として誕生した．世界経済における欧州の地盤沈下に歯止めをかけ，欧州の復活を待望してきた．1967 年には欧州石炭鉄鋼共同体（ECSC）と欧州原子力共同体（EURATOM）と統合され，欧州共同体（EC）に発展した．

　加盟国の高度経済成長も背景にあって，経済的な側面では加盟国間の協調関係は非常に前進していた．特に，貿易政策や関税政策等の経済的な領域におい

ては，欧州全体の活性化をもたらし，対アメリカや対日本，対ソビエト等に対しては，大きな力を発揮することが多くなった．だが，他方で社会的な側面はECの政策が進展してこなかったと言われる．実際に，教育や社会保障等の領域は統合が最も遅れている領域と言われてきた．

　ECの発展に大きな衝撃を与えたのが，1970年代半ばの石油危機であった．加盟各国が経済危機に陥り，EC自体も活力を失いつつあった．1974年にはEC社会活動計画がはじめて策定され，1989年には新たに「EC社会憲章活動計画」を策定した．経済政策領域でのECの活動が鈍化してしまった時点で，ECは政策転換を図っていった．そこで強調されたのが，社会的領域の新たな展開であった．

　1991年のマーストレヒト条約によって，欧州連合（EU）が創設され域内市場の統合が新たな段階に突入した．これにより，共通な外交・安全保障政策の基礎ができ，司法・内務政策の協力関係が約束され，欧州市民という概念が持ちこまれた．このほかにも，この条約はいろいろな面でEUの新たな時代を切り開いたといえる．

　1995年には3国の加盟を受入れ15ヵ国に達した．経済的な連携がさらに活発化し，2001年のアムステルダム条約によって，マーストレヒト条約は一部改定された．2002年からはいよいよユーロが流通を開始した．2004年，旧東欧社会主義国を中心に一挙に10ヵ国が加盟して，25ヵ国体制に膨らんだ．さらに，加盟申請し，加盟候補となっている国々もあり，さらなる拡大が待たれている．

経済力

　現在EUは加盟国は25ヵ国から成り立っている．総人口は4.52億人で日本の約3.5倍，総面積は398.2万キロメートルで日本の約10倍となっている．名目GDPは2002年（15ヵ国当時）で9兆6000億ユーロ，一人当たり19,928ユーロとなっている．

2003年の経済指標を見ると，GDP成長率が0.9%，物価上昇率が2.0%，失業率9.0%，財政収支-2.7%となっている．長く不況で低迷していた欧州であるが，2003年後半より緩やかな経済回復の基調にあるといわれている．

加盟国

EU（欧州連合）は，当初フランス，ドイツ，イタリア，オランダ，ベルギー，ルクセンブルクの6ヵ国でスタートし，1973年にイギリス，アイルランド，デンマークが加わり，1981年にギリシャ，1986年にスペイン，ポルトガルが加盟して12ヵ国体制となった．1995年にはオーストリア，スウェーデン，フィンランドも加わり，15加盟国となった．そして，2004年には旧社会主義国を中心にキプロス，チェコ，エストニア，ハンガリー，ラトビア，リトアニア，マルタ，ポーランド，スロバニア，スロバキアの10ヵ国が一挙に加盟して，現在25ヵ国となっている．さらなる加盟候補国が待機しており，ますます拡大しつつあるのが現状である．地理的にアジアで宗教も異なるトルコも加盟について，議論が活発である．永世中立を固持してきたスイスも加盟申請が検討されている．

組織構造

EUの組織としては，加盟国首脳と欧州委員会委員長より構成される欧州理事会がある．理事会議長国首脳が議長を務める欧州理事会が，通常は加盟国内で順番に年4回開かれる．議長国は2回ずつ（半年）理事国を務める．欧州理事会は最高の協議機関であり，一般的な政治指針を策定し，外交安全保障政策の基本戦略も決定する．

加盟国の閣僚級の代表によって構成される閣僚理事会は，EUの主たる意思決定機関となっている．各分野ごとに開催され，より具体的な政策を策定していく．議長国は欧州理事会と同様に進行していく．

執行機関としては欧州委員会があたる．フランス，ドイツ，イギリス，イタ

リア，スペインから2名ずつ，そのほかの国々から1名ずつの合計30名の委員からなる．24の総局があり，それぞれの領域で政策立案し，法案を作り提案する．また，EU「規則」の適用状況について監督し，理事会決定を執行する．雇用・社会問題担当（概ね厚生労働省管轄）は第5総局の担当となる．

諮問・共同決定機関として，欧州議会がある．当初は単なる諮問機関に限定されていたが，次第に権限が強化され，特定分野の立法に関して理事会との共同決定権を持つようになった．他に，予算の承認権，新任欧州委員の一括承認権も認められた．2004年6月現在で議員数682人，各国を1選挙区単位とした直接選挙で各国の人口比率に応じた議員数が任期5年で選出される．

最後に，EU法の解釈を行う最高裁としての欧州裁判所が存在する．任期6年の裁判官が15人配置されている．この独自の司法機関を持つことの意味は大きい．EUの政策が強い法的拘束力を持って施行されることになる．

この他，欧州中央銀行，欧州会計検査院，経済社会評議会，地域評議会，欧州投資銀行等がEU関係機関として運営されている．EUという国際機関は，立法・司法・裁判所を兼ね備えたユニークな国家連合体であり，他の多くの国際機関と異なる特徴と言えよう．

2 社会保障政策の概要

社会保障政策の意義

EUの社会保障政策の基本的な考え方は，共同市場の形成に際して各国の社会保障が労働者の自由移動を阻害しないようにするものであり，各国の社会保障制度を統合させていくことを必ずしも目指していない．つまり，EUが最初に接近したのは「労働者」であり，彼らの社会保障の権利が各国間で移動しても何ら損害を被らないようにすることがEUの使命とされてきた．

EUは欧州経済共同体（EEC）を一つの起源としており，経済的な目的を持った組織である．人が労働者として移動することを阻害することが，組織目標

に逆らうことになるため,社会保障の国境による障壁を除去しようとしたのである.そうでないと,国境を越えて働く労働者が社会保障の権利を侵害され,最終的には移動に抑制効果が及ぶからである.

社会政策の領域においては,基本的には EU は権限が限られている.各国の自治が原則である.つまり,各国政府が各国内の政策を決定するのが前提となっている.EU はこの領域では各国の制度や政策を直接統合しようとする意図は持っていない.それよりも,各国間の労働者の自由移動を妨げないように各国間の社会保障制度を調整することが主眼となっている.

EU が取り組んだのは,主として社会福祉よりも社会保障の領域であった.「社会保障」の定義は必ずしも国際的に統一されていないが,英米圏とは異なり,多くの欧州大陸諸国や ILO や EU 等の国際機関が使用している「社会保障」は,日本の「社会保険」にほぼ近い概念であり,公的扶助制度等は議論されていなかった.最近は「社会保護(la protection sociale)」という表現が使われるが,そこでも議論の中心は「社会保険」にあると言っても良い.

労働者が雇用に伴って獲得する社会保険の諸権利が,他の加盟国に行っても喪失することなく保持できることを保証していくことが EU の政策の基本である.つまり,労働者が他の加盟国で労働する場合,移動した労働者の社会保障がどのように保護されるのか規定したものである.具体的には,一法律適用の原則,内外人平等待遇の原則,給付の国外送金保証の原則,資格期間合算の原則等に従って運用されている.

労働者であれば最低賃金は保証されており,公的扶助制度の対象にはならなかったのである.したがって,当初は「社会福祉」や公的扶助等の制度に関して,EEC の時代はほとんど何の政策もとってこなかった.1970 年代以降の経済危機が進行し,共同体の社会的側面が重要視されてマーストレヒト条約を準備している段階になって,高齢者福祉や障害者福祉,医療政策等を含んだ福祉領域の政策が次第に展開されてきた.

法的根拠

ローマ条約51条は次のように規定している.「理事会は委員会の提案に基づき,全会一致で特に移民労働者およびその権利所有者に対して,次のことを保障する制度を設けることによって,労働者の自由移動を確保するために必要な社会保障上の措置を採択する.

 (a) 給付を受ける権利の設定および保持ならびにその支給額算定のため,各国の国内法が考慮するすべての期間を合計すること.
 (b) 加盟国の域内に居住する者に対して給付を支払うこと.」

つまり,この法律の対象は加盟国域内を移動する労働者にのみ適用するものであり,国境を越えて移動しない多数の国民には関係しないこととなる.このように,EUの社会政策の基本は労働者の自由移動を阻害しないようにすることを目的としており,本来の社会保障制度の統合や各国国民の保護を直接目指しているものではない.

この51条を根拠にして,より具体的に二次的法的根拠とされる「規則」が制定された.EEC「規則」1408／71,および,EEC「規則」571／72に基づいて,EUは域内の自由移動を目的として,加盟国間の規定の「整合化」を行っている.「整合化」とは,域内を移動する労働者とその家族を保護するために基本原則に従って各国の法制を拡張適用させ接近化させていくことを意味する.

もし,EUが各国の特定の法定制度だけを適用対象に限定してしまうと,特定国においては法的位置付けの違いから「整合化」の適用対象から除外されてしまう制度がでてしまう.そこで,EUはこうした多様な法的相違に関係なく,「規則」は実質的な医療保障にも適用されることが明らかにされた.

「整合化」政策の基本原則

「整合化（Coordination）」とは,各国社会保障制度の法律の改正を伴わないで,運用上の措置で各国制度間の調整を行うことである.国境を越えて労働す

る者だけに特別に適用される「規則」を作成すれば，大半の国民を扱う国内法は変更しないで済む．「整合化」は，具体的には次のような基本原則に従って運用されている．

①一法律適用の原則

国境を越えて移動する労働者にとっては，出身国と現在の居住国，あるいは，雇用国との間で複数の法律が重複して適用されることが有り得る．また，逆に，複数の国々にまたがって，どの国の社会保障制度も適用されなくなる場合も想定できる．そのような場合，特定のルールに従って，一方の国の法律のみが適用され，二重，三重の適用は認めないという基本原則である．当然のことのように思えるが，どの国の法律が優先適用されるのかが明らかになることは実際には非常に重要になる．

②内外人平等待遇原則

これは随所で援用されている基本原則である．EECの設立条約（ローマ条約）の7条が，国籍による差別禁止を規定しており，EUにとってもこれはきわめて重要な基本原則である．外国人を国籍を理由として差別してはならないという当然の人権擁護を逆に示すと，内外人平等待遇となる．外国人を当該国民と平等に扱うということである．単に，法律の文面における差別禁止規定だけでなく，間接的な差別もこの法律によって違法とされる．

③給付の国外送金の原則

年金制度においては，年金の受給権を持つ国と現在の居住国とは異なる場合が多い．もし，現在の居住を受給要件の一つとすると，移民労働者は年金から排除されてしまう可能性がある．EEC「規則」1408／71は，居住要件を廃止した．そして，老齢，障害，遺族，労災，職業病の場合，受給権を持つ者は居住地にかかわらず支給が保障されなければならない旨明記された．そこで，同

「規則」10条1項では、国外に居住する年金受給権者への送金を保証することが明記されている。

④資格期間合算の原則

社会保障制度の各種給付制度の受給要件として、被保険者期間や雇用期間等が挙げられることが一般的である。外国人は滞在期間が短いため、この規定によって受給権から排除されやすかった。そこで、受給権の資格認定に際しては、加盟国間の各期間を合算して計算することが認められた。この措置によって、要件となる期間が短い外国人労働者の場合も、必要期間を満たして当該国の社会保障制度の受給権が認められることになった。

たとえば、A国が年金の受給要件として10年、B国が15年、C国が20年を設定していたとしよう。外国人労働者として仮にA国で5年、B国で10年、C国で15年働いたとしよう。国内法に従うと、この外国人は三つの国の年金が受給できなくなる。ところが、このEEC「規則」に従えば、三つの国でそれぞれ30年間の被保険者期間が認められ、三つの国の年金が受給可能となる。ただし、これは飽くまで資格認定の過程であり、年金額の算定は別の規定に従う。つまり、期間に応じて按分比例的に分割された年金がそれぞれ三つの国から支給されることになろう。

「規則」1408／71は、他の加盟国における居住期間、被保険者期間等も当該加盟国における資格期間として考慮されることになっている（18条）。これが資格期間の合算措置である。

「整合化」の適用対象

（対象制度）

まず、制度的な適用対象が定められている。各国とも「社会保障法」の一環として多様な制度を含んでいる。したがって、このEEC「規則」が適用する制度的な範疇を明らかにしておく必要がある。EEC「規則」1408／71号の4

条1項により，疾病・出産手当，障害給付，老齢給付，遺族給付，労災給付，死亡手当，失業給付，家族給付の各制度が，この「規則」の適用対象とされている．これ以外の制度は，たとえ国内の法定社会保障給付制度であっても，「規則」が適用とならない．

また，各国には職域や地域別等によって様々な社会保障制度が分立している場合が多い．EEC「規則」はすべての法定社会保障制度に適用されると明記している．ただし，例外として社会扶助給付，戦争犠牲者給付をはじめ特定社会保障制度には適用除外されている．

さらに，法的根拠に関連して，EEC「規則」の適用対象となるのは，法定制度，つまり，法律によって規定されている制度のみとなる．国によっては，フランスのように労働協約やその他の法的根拠を持つ制度が社会保障とほぼ同等の機能を果たしている場合がある．これらの制度は，内容如何にかかわらず「規則」の適用を受けないことになる．

(人的対象)

社会保障に関するEUの法律が誰に適用されるのか，これは非常に重要な問題となる．前述のとおり，EECは経済的な目的を持つ組織として誕生し，「労働者」を政策のターゲットにしていた．だが，EEC設立後，次第に適用対象が拡大してきた．自営業，そして，公務員も「労働者」の範疇に加えられた．さらには，「労働者」のみではなくて，広く一般の「人」にも適用することになった．つまり，「労働者」の自由移動の保障から「人」の自由移動の保障へと発展していったのである．

現状を紹介しよう．EEC「規則」1408／71の2条1項は，「この『規則』は加盟国国民で，加盟国の法律に従属する，もしくは，従属したことのある従業員，自営業者，無国籍者，難民であって，加盟国に居住する者とその家族に適用される」と定めている．2項では「遺族が加盟国国民であるか，加盟国に居住する無国籍者あるいは難民である場合，従業員あるいは自営業者の国籍に

かかわらず，加盟国の法律に属する従業員か自営業者の遺族とみなす」と規定している．さらに，3項では加盟国の法律に属する公務員とそれに準じた者も適用対象に含まれると規定している．

「調和化」政策

各国の法律改正を伴い，EU 全体で統一的な法規を構築していくことが「調和化」である．したがって，EU レベルで法制化されると，これに抵触する加盟国は国内法の改正を強制されることになる．「調和化」は EU の結束力の強さを示すものであり，EU 関連法の拘束力の有効性を保証するものと言えよう．

しかし，社会保障の領域においては，本来各国政府の自治の領域とされており，EU が強いイニシャティブの下で介入できなかった．社会保障領域での唯一の成果と言われるのは，男女平等待遇に関する規定である．ローマ条約119条が男女平等待遇に関して，「平等な支払い」に言及している．社会保障給付がこの「平等な支払い」に該当するか議論された．法廷の判断は否定的であり，職場におけるものに限定された．しかし，年金の中でも職域の年金制度は，職場の関連制度でもあり，「平等な支払い」に含まれるものと判断された．以後，特定国における関連法規の改正が行われていった．有名な事例としては，イギリスの職域年金が男性と女性で年金年齢が異なることを訴えた判例がある．イギリス政府の敗訴となり，男女同一の年金年齢に改正されることとなった．

「調和化」の方法としては，関連する判例が蓄積され，次第に同様の解釈に基づいて各国の政策が展開されていく場合がある．その他に，EU が政策的に各国政策の共通する政策展開を推進していく方法もある．これは，自発的「調和化」と呼ばれるもので，EU 法に抵触するからというものではなく，各加盟国が相互に影響しあって，共通する法政策を進めていくやり方であり，EU も可能性を模索している．

欧州委員会の役割

 欧州委員会はEUの行政機関である．加盟国市民は，EUの行う行動に対して不満のある場合，裁判所に訴訟を申し立てる前に，欧州委員会に苦情を申し立てることができるし，欧州議会に陳情することもできる．欧州委員会は苦情に対して調査を行い，適切な行動をとらなければならない．もし，調査の結果，本当にEU関係法が遵守されていないということが明確になったならば，関係機関に法律の遵守を要請することになる．

 EU関係法の遵守者として，欧州委員会は法律の適正な運用のために努力している．場合によっては，欧州委員会は苦情や陳情を受けたり，EU関係法が犯されていると思われる場合には，各加盟国政府と連携しながら主張の妥当性を調査・検討する．仮に，加盟国政府がEU法に従わなければ，欧州委員会が欧州裁判所に提訴することもできる．

 医療制度に関しては，法廷で争われる事例は他の制度に比べて少ないと言われる．「規則」が詳細にわたって「整合化」を規定しているためであろう．また，欧州委員会の関係部局と関係閣僚大臣との恒常的な対話によって，しばしば，問題を事前に解決しているとも言われる．長年の経験により，加盟各国の行政と欧州委員会との連携は緊密になったし，欧州裁判所と各国の国内裁判所の間での法律解釈をめぐる協力関係も進展してきている．

欧州裁判所の役割

 EUが他の多くの国際機関と異なる決定的な相違は，独自の裁判所である欧州裁判所を持っていることであると言われる．EU関係法をめぐって，加盟国の国内裁判所によって異なる解釈が示されることはしばしばある．だが，欧州裁判所が統一的な解釈を示すことができ，各国がこれに従うことになる．

 EUの社会保障「規則」は，加盟国の国内の社会保障法を拘束する法律である．域内の労働者と加盟国の社会保障関係機関との間の訴訟は，当然ながら各国国内の法廷で争われるが，必要に応じて欧州裁判所に持ちこまれる場合もあ

る．国内の法廷でEUの「規則」の解釈をめぐって事前に欧州裁判所に照会されることもある．

ILOをはじめ他の国際機関とEUが決定的に異なるのは，この欧州裁判所の存在である．EU法を遵守する独自の裁判所を持っているEUは政策の実行において大きな後援者を持つことになる．各国の法廷は当然ながら最高の決定機関ではあるが，EU法と整合性がない場合，EU法が上位規定とされ，国内法の修正が余儀なくされる．

3 「整合化」の具体的な運用

以上，EU社会保障政策の理論的な枠組みは明らかになった．さて，今度は実際に各国政府の社会保障制度がどのように調整されているのか，具体的な中身を見てみたい．ここでは，制度別に紹介していこう．

医療

すべての加盟国の国民を対象として，域内で疾病に陥った場合，当該国で医療サービスを受けることができる．医療費については，本国の所属する医療保障システムに従って償還されることになる．これが「整合化」の基本である．国によっては，健康保険への特定加入期間を適用資格要件に設定している場合がある．域内の外国人の場合，当該国内での保険への加入期間ではなく，域内の国での加入期間が通算されるので，問題にはならない．

日本の傷病手当金のような治療中の所得保障としての現金給付についても，出身国の所属する医療保障システムから支給される．また，合意が成立している国同士の間では，出身国の関係機関に代わって現在治療中の国の関係機関が支給することもある．

国境周辺労働者の場合，以前から居住する国と労働する国の両国の医療システムが適用できるとの特例が適用されてきた．ただし，その家族は依然として

居住国の医療システムに依存することになる．EU は経済的な組織として域内の労働者の自由移動を妨げないようにすることを目的としてきた．主婦や子供，老人等の労働者以外は，直接の政策対象に組みこまれてこなかったのである．

しかし，近年になってすべての加盟国市民を対象にした政策がとられてきた．一つは緊急医療サービスを保障する E111 カードの創設，国内の医療施設で治療が困難な場合，域内の他の国での計画的な治療を可能とする E112 カードの創設にいたった．現在は，すべての条件を排除して，域内で自由にいつでも医療の保障が提供されるシステムが準備されている．

失業給付

域内の労働者の自由移動を奨励するのが，EU の本来の目的とするところであった．したがって，失業者も雇用の場を求めて自由に域内の他の加盟国に行って求職活動をすることができる．各国の職業紹介機関も当然ながらサービスの対象を自国民には限定していない．職業紹介サービスだけではなく，職業訓練も域内のすべての市民を対象にしている．

失業給付については，まず，被保険者期間や雇用期間等の受給資格要件の合算措置がここでも認められる．失業保険では，最終雇用国における失業保険が適用となる．失業給付の外国送金も認められている．ある国の失業給付の受給者が，他の加盟国に行って求職活動する場合も，失業給付を支給している国から求職する国の受給者に送金される．ただし，失業後は最低でも当該国にて4週間は失業給付を出している国内で求職活動に従事しなければならないという規定がある（「規則」1408／71 の 69 条）．

失業者が失業して7日以内に他の加盟国に求職活動に出かける場合，もとの国での失業給付の受給権を最高3ヵ月間保持できる．求職が成功しないで帰国した場合，3ヵ月間以内の帰国であれば，失業給付の受給権を復活することができる．3ヵ月以上他の加盟国で求職活動していると，もとの国の失業給付の受給権を剥奪される．また，この「規則」が適用されるのは，二度の雇用にま

たがって一度に制限されている．

年金

　年金制度においても，基本原則である被保険者期間や雇用期間等の合算措置や給付の国外送金や内外人平等待遇が施行されている．年金制度では，一般に資格要件として拠出期間や雇用期間がかなり長く設定されているため，外国人移民を排除することが多い．ここで合算規定が大きく問題解決に貢献することになる．また，国外送金がより現実味を帯びるのが年金であろう．

　失業保険は最終雇用国のみが問題となるのに対して，年金は過去に雇用されていた国すべてが対象となる．基本的な考え方は，過去の各国での雇用期間に応じて相応の年金を各国が支給するというものである．したがって，国境を越えて移動してきた労働者にとっては，該当する国々すべてから低額の部分的年金を雇用された国の数だけ受給できるということになる．

　年金制度には固有の問題点もある．たとえば，すべての市民に定額で保障されるような国民年金制度（名称は国によって異なる）を運営している国もある．前述のように雇用期間に応じた年金額よりも高額の国民年金が適用される場合もあるし，一国内で二つ以上の年金の適用が可能となる場合もある．そこで「整合化」の規定では，二重適用が排除される方法を規定している．

家族給付

　家族給付制度の運用内容は，国によって大きな相違がある．家族給付においては，その他の所得保障のように基本原則の施行があまり大きな意味を持たない．合算措置も不要である．固有の問題の一つは，雇用地主義をとるのか，居住地主義をとるのかという点であった．「規則」1408／71の73条（1）で，雇用地主義を採用することが明記された．父親が出稼ぎに単身で移住している場合，雇用国の家族給付が出身国に居住する子供を対象にして支給されることになる．ただし例外として同じ73条の（2）では，フランスで雇用されてい

る外国人の場合，居住国の支給方法に従うことになっている．

　フランスは家族給付制度が伝統的に充実している国である．移民もアフリカ旧植民地に限らずスペイン，ポルトガルからも多く受入れている．多産の移民の子供たちにフランスの高い支給水準の家族給付を適用することは，フランスの富の莫大な流出となってしまうため，この規定が盛り込まれた．この変則な例外措置は，未だに多くの問題を残し，訴訟事件もあった．加盟国間の双務主義を乱し，国籍による差別にも相当するためである．

労災給付

　労災保険は国際化への対応が最も容易な制度といえる．適用条件として，被保険者期間や雇用期間が問われないし，国籍も問題とならないからである．一般原則としては，外国人労働者であろうと，雇用地の国内法に従って労災の適用を受ける．ただし，職業病に関しては，労働者が受給権を得た最後の国の労災が適用されることになる．また，移動中に災害に遭遇した場合には，本国の労災が適用される．

公的扶助

　EUの社会保障政策としては，公的扶助制度は対象に入っていない．繰返すが，EUの使命は加盟国間の労働者の移動を阻害しないことである．労働者であれば，賃金が支給されるわけであり，最低賃金が保障されており，公的扶助は問題とはならないことになる．

補足給付

　社会保障制度を補足するような様々な制度がある．その中には，きわめて重要な制度も含まれており，社会保障と同様の機能を果たしている場合もある．そうした場合には，社会保障制度と同様にEUの社会保障政策の対象に含まれることになる．たとえば，フランスでは失業保険は社会保障法に基づいて成立

しているのではなく，労働協約に基づいて確立された経緯がある．このような制度は社会保障と同様に「整合化」規定が適用されることになる．

4 EUにおける社会福祉政策

EUといっても，政治的組織から経済的組織，軍事的組織等があり，その基本的な性格も複雑である．そうした組織の特徴によって，連合体として社会福祉に関与する場合もしない場合もあろう．また，加盟国において社会福祉がどの程度進展しているかという点も重要であろう．十分な社会福祉を有していない国々が連合体を作っても，十分な社会福祉が連合体レベルで展開されるはずはない．EUの社会福祉とは，当然ながら各国の社会福祉の延長線上にあるからである．

EUが社会福祉政策を展開していくには，その前提条件があろう．考えられる条件を指摘してみよう．第1に，当該地域の関係諸国が共通する社会問題をもっていること．第2に，経済的な交流が盛んなこと．第3に，第三者に対して共通利害を有すること．第4に，関係諸国が具体的な内容の相違はあっても，それぞれ同様の発展水準の社会福祉を準備していること．以上がまず想定される．これらの条件が満たされない場合には，社会福祉に関して国境を超えて調整することは，実現不可能であり，必要なことでもないし，望ましいことでもないと言えよう．

社会福祉の領域がEUの政策課題として大きく取り上げられるようになったのは，1990年代になってからのことである．まだ，EUレベルで徹底した政策として実行されるには，長い過程が残されている．とりわけ注目されているのが，以下の点である．

障害者福祉

高齢者政策とならんで，障害者政策はECが積極的に取り組もうとしてきた

領域である．1988年4月18日の理事会「決定」によって，障害者のための活動計画が作成された（略称，ヘリオス計画）．最初の計画は1988年1月1日から1991年12月31日までの4年計画で施行された．その内容は障害者の職業訓練やリハビリテーションの促進，経済的・社会的統合，そして独立した生活様式の向上に資することとなっていた．

さらに，1993年2月25日の理事会「決定」は，障害者支援策としての活動計画（ヘリオスⅡ計画）を規定していた．期間は1993年1月1日から1996年の12月31日までの4年間とし，さらに内容を強化した戦略となっている．

欧州委員会は，1996年「障害者の機会均等：新共同体障害者戦略に関する通知（コミュニケーション）」を発表し，障害者政策を転換させた．障害者にまつわる様々な阻害を除去し，障害者と一般の人との機会均等を推進して行こうとする考えである．具体的には，加盟国相互の協力関係の構築を強調している．ヘリオス計画で準備されてきた「ハンディ・ネット」の充実が求められている．

障害者の雇用水準を引き上げるために，EUは積極的に関わろうとしている．現段階では，将来計画もたっていないが，欧州レベルの雇用ガイドラインの中に障害者雇用を盛り込むことが期待され，域内全体で障害者の雇用が促進されることを目指している．

具体的には，障害者の日常生活における多様なサービスの他，教育や職業訓練を障害者向けに改善していくこと，所得保障制度の再検討，多様で積極的な労働市場政策によって障害者の雇用へのアクセスをよくすること，障害者への差別や偏見，無理解をなくすための啓蒙活動，障害者にも馴染む職場の安全や職場文化の強化，障害者組織の政策決定への参画，責任の明確化と効果的な計画，「整合化」の整備等の各課題が検討されている．

高齢者福祉サービス

人口高齢化の現象は，ほとんどの加盟国が共通して抱える大きな問題であり，

特に1990年代以降になってEUも活動計画の一環に入れるようになった．1990年11月26日の高齢者のための共同体活動に関する理事会「決定」が出された．人口高齢化への予防的な戦略，世代間の連帯および高齢者の統合，共同体の発展のための高齢者の積極的な参画についての活動が掲げられた．

だが，高齢者のための福祉サービスの方法や内容は国によってかなり異なる．ドイツやフランス，ベルギー，ルクセンブルク，オーストリアは公的な高齢者介護制度を導入したばかりである．今の段階で，EUレベルで各国の政策を調整することは困難であり，各国の状況を比較検討して，可能な施策を準備しているところである．

保育政策

保育政策の領域は，EUの政策としてはとりわけ進展している．1992年3月31日には，保育に関する理事会「勧告」が成立している．この「勧告」では，児童を養育する責任を男女平等に分かちあうことを目標とし，職場の雇用関係，家庭の家事・育児等において夫と妻の役割の平等を提案している．そして，EUがこの目標のために強いイニシァティブをとることを盛り込んでいる．また，この「勧告」は，関係する家族政策にも大きな影響を与えた．保育ネットワークや「家族と労働ネットワーク」等の運動が生まれてきた．

補足年金

政府の行う社会保障年金を補う上乗せの役割を担う「補足年金」についても，EUは大きな関心を寄せている．1997年6月10日の欧州委員会グリーンペーパーは，EU域内の労働者の自由移動を阻害しないように補足年金の「整合化」を促進させることを眼目としていた．1998年6月29日の理事会「指令」が発令され，域内を移動する被用者や自営業者の補足年金の保護策を打ち出した．この内容は社会保障の年金の「整合化」とほぼ同じ考え方に従ったものである．さらに，1999年5月1日の「通知」では，EUレベルでの補足年金の単

一市場の形成を展望している．そして，2003年6月3日の「指令」によって，私的年金の保護と年金基金の投資規制と監督等についてEUレベルでの規定を示した．

貧困対策

欧州においても貧困問題は存在する．1989年9月29日に欧州理事会で「社会的排除」への対策に関する決議が採択された．具体的には，まず，経済開発に伴う統合政策が述べられ，続いて，すべての人が教育，職業訓練，雇用，住宅，地域サービス，医療等のために充分な資力を保障されるための手段について言及している．

1992年の社会保護における充分な資力と社会扶助に関する理事会「勧告」は，各国の現行の最低所得と社会給付に関する一般原則に関して触れている．1999年には，この「勧告」に基づいた報告書が出された．まだ，EU全体として拘束力と実行力を伴った施策には至っていないが，今後，益々重要なものとなっていくであろう．さしあたっては，各国の国内的な貧困対策の展開を連携させ，情報の収集と協力して問題に対処していこうという方針が確認されたに留まる．

社会的統合

EUに限らず，他の国際機関や各加盟国においても「社会的排除」が社会問題として認識され，「社会的統合（Social Inclusion）」政策が注目を集めている．「社会的排除」とは，社会保障の領域に限らず広い意味で使われている．多様な側面があるが，ホームレスや病人，障害者等社会的弱者とされる人々だけでなく，むしろ失業者等の社会的な活動から排除された人を社会に復帰させることを主眼としている．

5 EUの新たな社会保障政策

　最後に，最新の情報として，EU が実際に展開している社会保障・社会福祉関係領域での動向を明らかにするために，二つの資料を紹介しよう．一つは1998年から2000年までのEUの活動計画であり，もう一つは2001年から2005年までの議題に上っている項目である．

1998—2000年の社会活動計画

　EU の雇用・労使関係・社会問題の部局が作成している社会活動計画から最近の政策対象が理解できる．1998—2000年の社会活動計画では，新しい時代への政策の転換が強調されている．この部局の政策の中心は労働政策であるが，この計画の中から社会保障・社会福祉に関係する部分を指摘していこう．

　この計画では，変容する世界への対応として，「職業・熟練・移動」「労働世界の変容」「統合的社会」「社会政策の範囲の拡張」の四つの課題が明示されていた．このうち「統合的社会 (inclusive society)」については，さらに具体的に，以下の五つの項目が挙げられている．

①社会保護の現代化と改善
②社会的統合の促進
③平等待遇の達成と差別との戦い
④健康社会の強化

以上のように，全体として政策目標の中心は雇用対策であったが，「変化への新たな政策段階」として，これまでと異なる新たな政策概念も盛り込まれている．

2000年社会政策のアジェンダ

　2000年に出された最新の社会政策については，前回の活動計画を継承して，時代の変化への新たな対応を盛り込んでいる．まず，2000—2005年にかけて

の各専門委員会による提案が明示されている．ここでも中心は雇用対策や職場環境の整備等であったが，社会保障や社会福祉に関する部分も三つ含まれていた．以下のとおりである．

①「社会保護の現代化と改善」

知的集約型経済，社会や家族の変容に対応した社会保護に改革していき，生産的要因としての社会保護の役割を構築していくことを目的としている．特に年金制度に関連して中・長期社会保障の将来像に関する「通知（コミュニケーション）」を出すことにしている．

具体的には以下のような活動が盛り込まれている．

- 社会保護委員会の創設
- 「通知（コミュニケーション）」を出すことで，中・長期の社会保障将来推計の検討
- 社会保障におけるジェンダーを含めて発展の目的と指標の面において社会保護委員会の活動を支援すること
- 社会保護に関する欧州委員会・欧州理事会共同で欧州レベルの年次報告を準備するための社会保護報告書の作成
- 現代化を議題にした共同体諸機関と労使団体，社会保護関係機関との密接な協力関係の発展
- 社会保護の現代化に貢献するように，労使団体の交渉への招聘

②「社会的統合（inclusion）の促進」

労働市場から排斥された人々を社会に統合させるための手段を議論する場を設けることを提案し，併せて欧州社会基金の統合政策の活用について検討することを提案している．

- 特別に提案された活動計画を採択することで，社会的排除と取り組む
- 「整合化」の開かれた手法を支援するために，目的と対象に合意し，指標を

開発し，統計を強化し，関連領域の研究を発展させること
- 条約の137条§2に基づいて，労働市場から排斥された人々の統合を促進するための最善の手段に関するすべての関係団体の協議に着手すること
- 共同体のEQUAL（男女平等）を含めて，社会的統合の発展に向けて欧州社会基金の影響を評価すること
- 障害者や少数民族，新たな移民を含む弱小集団の雇用機会に関して雇用ガイドラインを提案すること
- 統合政策の年報を発刊すること

③「基本的人権や差別排除の強化」

ここでは，次の四つの議題が掲げられていた．1．民族主義や外国人排斥の監視センターの運営に関するレポートの作成，2．障害者のためのバリアフリーを目指した「通知」の草案の聞き取りと2003年の施行準備，3．2003年欧州障害者年の提案，4．条約138条に基づくデータ保護に関する労使協議に着手する．

新たな加盟国を迎えて

2004年，EUは一挙に10ヵ国の新規加盟国を迎えいれた．かねてから長年にわたって計画されてきたことではあるが，やはり，EU全体にとって大きな転換点となろう．さらに，今後も新たな加盟候補国が待機している状況である．まだ，現段階では，新しい政策展開を論じることはできない．だが，これまでの政策体系に新たな政策が加えられることは明らかである．

新たな加盟国は，小国が多く，しかも，今回は旧社会主義国が多数を占める．これらの国々では，まだ，貧困問題が深刻である．失業率も高く，経済も一般に不調である．逆に，早くからの加盟国は社会保障が進んだ国々が多かった．その意味では，これまでのEUの政策とは違った政策展開が求められることになろう．

参考文献

[1] Watson, P., *Social Security Law of the European Communities*, Mansell, 1981.
[2] Commission of the European Communities, *Social Security for persons moving within the Community,* Social Europe, 3/92, 1993.
[3] Pennings, F. (ed.), *Introduction to European Social Security Law,* Kluwer, 1994.
[4] European Commission, *Raising levels of people with disabilities : Common challenge*, 1998.
[5] European Commission, *Social Protection for dependency in old age in the 15 EU Member States and Norway,* 1999.
[6] European Commission, *Work and Childcare : A guide to good practice*, Social Europe, 1996.
[7] European Foundation for Services and Social Exclusion, *Public Welfare and Social Exclusion,* 1995.
[8] European Commission, *Social Action Programme 1998−2000,* 1998.
[9] European Commission, *Social Policy Agenda,* 2000.
[10] Commission Europpeenne, *MISSOC : La protection sociale dans les Etats membres de l'Union europpeenne,* 2004.
[11] 佐藤進『ECの社会政策の現状と課題』全労済協会，1993年
[12] 前田充康『EU拡大と労働問題』日本労働研究機構，1998年
[13] 岡伸一『欧州統合と社会保障』ミネルヴァ書房，1999年

第11章　世界単位での社会保障

　本書が試みる三つの視点の最後は，世界を一つの単位として見た場合の社会保障の研究である．各国の国益を離れて，世界全体を見渡した場合，社会保障について何が言えるのであろうか．

　ILOの政策課題でも触れたが，国際社会保障論の大きなテーマの一つは発展途上国への社会保障制度の普及である．先進諸国の富が発展途上国の貧困問題にどのように貢献できるのか，地球規模の国際社会保障論の究極のテーマである．

1　南北問題と社会保障

世界の人口問題

　世界の人口について，概観してみよう．国連の『世界人口予測2000』によると，2000年現在の世界人口は，60.57億人であった．人口が最も多い国は，中国の12.75億人であった．2位はインドの10.08億人，3位はアメリカの2.83億人であった．この後には，インドネシア，ブラジル，ロシア，パキスタン，日本，バングラデシュ，ナイジェリアがベスト10となっている．

　世界人口60.57億人のうちの36.72億人，つまり61％がアジア人によって占められている．人類の3人に2人近くがアジア人ということになる．アフリカ全体の人口は7.94億人で13％，南アメリカは5.18億人で9％に過ぎない．逆に，先進国が多いヨーロッパでも7.27億人で12％を占めるに過ぎない．

　将来の人口推計を見ると，2025年の世界人口は79.37億人となる．アジアの人口は47.77億人と増え，世界人口の60％を占める．欧州の人口は同年6.83

億人で世界人口の9％となり，2000年以降減少傾向にある．欧州以外は南アメリカ，北部アメリカ，アフリカ，オセアニアも増加傾向にある．

　一般に言われるように，先進国では少子化が問題となり，発展途上国では人口増加が問題となっている．このことは，将来における先進国からの発展途上国への援助が次第に難しくなっていくことをうかがわせる．より少ない人がより多くの人を援助しなければならなくなるのである．

　世界で最大の人口を抱えるアジアが，世界では最も貧しい地域であり，また，世界で最も社会保障の遅れた地域である．アジアが社会保障をどう進めるかが，世界の福祉をも決定してしまう．先進諸国が程度の差こそあれ，等しく高齢化している現在，発展途上国は一般に子だくさん家族が多く，人口構成は比較的若い．つまり，地球レベルでは，発展途上国の人口増加が先進諸国の高齢化を吸収している格好になっている．ただし，中国が一人っ子政策を強行に進めた結果，アジアの人口急増には大きな歯止めになったが，近い将来の中国の高齢化社会は，世界の高齢化問題となってしまう．

所得水準

　2001年現在の一人あたりの国民総生産をアメリカ・ドル表示で比較してみると，最も高いのはルクセンブルクの42041ドルであり，続いてノルウェーの36815ドル，アメリカの35342ドル，スイスの34171ドル，日本の32576ドルと繋がる．他方，低所得国はきりがない．同じく一人あたりの国民総生産は，エチオピアの95ドル，コンゴ共和国の99ドルと，最高の国々とは実に3桁も違う別世界である．マラウイの157ドル，タジキスタンの168ドル，ニジェールの174ドル，モザンビークの204ドル，ブルキナファソの210ドル，ネパールの236ドルと続いている．アフリカとアジアに極貧国がひしめきあっている（総理府編『世界の統計2004』より）．

　簡単な比較ではあるが，一人あたりの国民総生産が最も高いルクセンブルクと統計資料に計上された最も低いエチオピアの間には，実に約443倍の相違が

ある．エチオピアの人が1年間にもらう所得よりルクセンブルクの人が1日にもらう所得の方が高いということになる．また，公式統計には出てこないが，エチオピアよりもさらに低い所得の国々もあろう．もちろん，この種の名目価格での安易な比較は，実態をうまく表していないこともありえる．だが，それを差し引いても大きな差であることに違いない．

社会保障が発展しているのは主として先進国である．平和で豊かな国々にあって，政治や経済も安定している状況下にあって，はじめて社会保障は国民に受け入れられ，発展してきたのである．ところが，数の上では世界中には圧倒的多数の発展途上国が存在する．そこでは，社会保障もほとんど制度化されていなかったり，制度があっても国民のごく一部しか適用されていない場合が多い．

世界には，おびただしい貧困が存在する．アフリカやアジアをはじめ，多くの国々において貧困のため餓死していく人の数は数え切れない．先進国からも様々な援助が提供されているが，貧困問題は一向に解決に向かっていない．むしろ逆に，戦争や災害によって新たな貧困が増えているような側面もある．こうした事実を社会保障の研究対象として取り上げなくて良いのであろうか．

本来，社会保障は人々の最低所得の保障を目的の一つとしてきた．それにもかかわらず，貧困問題が依然として深刻である事実は，社会保障が世界的レベルではまったく機能していないことを証明している．各国に社会保障制度がないか，まったく不充分であり，また，諸外国からの援助も不充分であることがわかる．

他方，同じ国内でも所得水準の格差がある．これは先進国でも同様である．先進諸国でも，不況下で失業者が増え，ホームレスの数も増え続けているのが一般的である．多くの発展途上国ではほんの一握りの支配階級が富の大部分を支配し，国民の大多数が貧困に喘いでいる．つまり，貧富の絶対的な格差があり，豊かな者と貧しい者とが両極端に集中している．中流階級は未成熟である．こうした社会の基本構造があると，社会保障の国民的な合意を形成しにくい．

欧州の市民革命においては，小ブルジョワジーや中産階級の勃興が古い階級制度を打破し，より平等な社会を形成していった．その流れの延長上に，市民の権利の主張があり，福祉国家が目指された．この歴史は，発展途上国の福祉形成に際しても非常に示唆に富む．中産階級の発展が，市民の人権問題を進めていくであろうし，最終的には社会保障導入への道を開くことになるだろう．

世界の社会保障

　これまで社会保障の研究は，欧米を中心にした先進諸国を暗黙の対象としてきた．国際社会保障論の立場からすれば，この対象設定はもはや時代遅れとなっている．ますます少数勢力となる地域のみに限定し，最も問題の小さい地域のみに対象を限定することに意味があるのだろうか．より豊かで問題の少ない少数派勢力の研究は，重要性が薄れていくのではないか．

　逆に，ますます人口が増えて大きな勢力となる地域を研究対象の中心に据えるべきであるし，社会保障の性格上より深刻な貧困問題を抱える地域を優先的に研究するべきであろう．また，この領域の問題は基本的に有効な解決の手段を見出していない．国際機関の政策にしても，決定的ではない．世界を一つの単位としてみれば，最大多数の最大幸福を追求することが第一の優先順位を与えられるべきではなかろうか．

　当該国政府が，自国の社会保障の制度化に積極的でない場合，あるいは，政府の意図にかかわらず結果的に制度化が進展しない場合，貧困をはじめとする社会問題の解決に貢献できる主体とその方法を検討する必要がある．

2 ｜ 社会保障の世界的な普及

ILO 基準

　世界的なレベルでの社会保障制度の普及状況は，なかなか正確には把握できない．社会保障の先進国の情報は充分利用できるが，未成熟な国々の情報は限

られる．参考になるのは，国際的な活動を展開しているILOの情報であろう．前述のとおり，ILO条約102号は社会保障の最低基準に関するものであり，法律の性格上，批准は自由であり，批准しないことによる制裁もないが，一度批准した国はこの基準を維持することが義務付けられることになる．

既に第4章の表1（49頁）で紹介したとおり，批准国36ヵ国のうち欧州の国（広くトルコ等を含めた）は26ヵ国であり，批准国全体の7割以上となっている．アジアでは，唯一，日本だけが批准している．アフリカでは，ザイール，セネガル，ニジェール，リビア，モーリタニアの国々，他方，南米ではボリビア，エクアドル，ベネズエラ，メキシコ，コスタリカの国々のみが批准している．国の数から言えば，非常に少数であることがわかる．

もちろん，ここに表れていない国でも何らかの社会保障を運用している国があるかもしれない．だが，それも少数であると推測される．また，社会保障の制度を有しながらもILO基準を満たさないために，批准していない国々も少なくないであろう．つまり，社会保障の質と量の組み合わせが問題となる．それでも，この結果はある程度正しく世界における社会保障の普及状況を反映していると言えよう．

発展途上国において等しく問題とされる点は，インフォーマル・セクターへの社会保障の適用の問題である．社会保障制度は導入されていても，国民のごく一部のフォーマル・セクターの人々しかカバーされておらず，国民の多数を占めるインフォーマル・セクターにはその適用が及ばないのである．実は，適用率の低下は先進諸国にも見られる現象である．就業形態の多様化や国民の価値観の多様化等により，社会保険加入が拒否される場合が増加している．

未組織な産業

発展途上国においては，基本的には農業国が多く，工業はまだ限られた部門となっている．しかも，企業は零細規模が主要な部分を占めている．社会保障に限らず，行政が把握し，介入できないような場合も少なくない．行政組織が

充実し行き届いた日本でさえ，最近は空洞化が叫ばれている．国民年金の未納に限らず，強制適用のはずの企業が適用拒否したり，違法な未加入を隠れて実行していたりする状況である．まして行政組織が未整備な発展途上国で，行き届いた社会保障の管理・運営ができるか大きな問題である．

　このような状況が前提とされているため，発展途上国では予め中小企業への強制適用を断念して，適用除外としている国々が多い．韓国もこの例外ではない．だが，この措置があるため，結局は適用対象がかなり限定されてしまう．大企業が少なく，中小零細企業の多い発展途上国では，なおさらである．大企業に比べていろいろな問題を抱える中小企業が社会保障から排除されるのは，社会保障制度の基本的な使命と矛盾している．本来ニーズの高いところに制度は行き届かず，ニーズが小さく恵まれているところに制度化が実現している．

3 ｜ 社会保障が導入されない理由

　逆に，発展途上国では何故社会保障制度が導入されなかったり，不備が多いのであろうか．この問いに対する答えはいろいろ考えられるが，逆に言えば，社会保障の成立条件を論じることにもなる．考えられる点を列挙したい．

　第1に，社会保障は一般的には労働者の要求があったり，あるいは，国からの働きかけに基づいて労使団体の交渉によって導入される．これがILOの基本的なフレームワークでもあり，国際機関が基づく国際標準である．ところが，このような欧州の標準は，アジアやアフリカなどの発展途上国にとっては必ずしも適合しない．

　発展途上国においては，一般的に労働組合運動やその他の社会運動が未成熟であり，社会保障の要求が強力に展開されていかない．さらに，一握りの支配階級が独占するような政府には，社会保障を導入しようとする熱意が見られない場合も少なくない．社会保障は，周知のとおり国内政策の一環であり，基本的には各国の自治裁量下にある．外国や国際機関が直接介入してとやかく言う

べきものではない．当該国政府に福祉国家を目指す意志がなければ，何も始まらない．ILO にしても，できることは技術援助である．各国政府の求めがなければ，何の行動もとられない．つまり，社会保障の導入を推進するアクターが不在である．

これと関連して，第2に社会保障を要求するような社会的基盤がないことも指摘しなければならない．発展途上国においては，健全な民主主義がまだ達成されていない国も少なくない．結社の自由すら認められていないで，何らかの運動を扇動すれば即座に拘束されるようなことも聞かれる．また，それ以前に，国民の基本的な人権，生存権の保障が憲法等によって宣言されているとは限らないし，また，規定していても実態がそうなっていない場合も多いであろう．こうした社会条件下では，とても社会保障の導入は推進されそうにない．

教育の機会が充分提供されず，識字すら不充分な国民に，社会保障の素晴らしさをどのように理解してもらえるのであろうか．特に，女性は教育機会が制限されている国が多く，女性の識字率が男性よりかなり低くなっている国が多い．こうした国々で，社会保障の意義と役割を理解している人が少ない．

第3に，社会保障を強く必要としない社会構造があることも予想される．社会保障は資本主義の発展と共に成長してきた．賃金労働者階級の誕生とともに，労働者保護の一環として社会保障も形成されてきた．ところが，世界には農業国や林業国，水産業国もある．第一次産業従事者にとっては，社会保障へのニーズはより小さくなる．たとえば，農民が多数を占める国では，失業保険や労災保険は必要性が小さくなる．その他にも多くの社会的環境が考慮されるべきであろう．

第4に，社会保障の果たす役割が他の伝統的な制度によって代替されている場合も考えられる．たとえば，日本もそうであったが，昔ながらの「家制度」あるいは「村落共同体」が社会保障の機能を部分的に代替していたと考えられよう．そこでは，「大家族」あるいは「村落」レベルで所得再分配が行われていた．メンバーの誰かが何らかのリスクに陥っても，他のメンバー同士が相互

に援助しあったのである.

　また，国によっては，企業の果たす福祉的な役割も大きいと考えられる．日本に典型的であったように，社会保障制度の導入に先駆けて企業レベルでの様々な福利厚生施策が展開されてきた．賃金の構造も福祉的な意味合いが込められている場合がある．住宅手当や扶養手当等の各種諸手当も生活保障として機能している．終身雇用を基本に雇用維持を最優先する雇用慣行も，非常に福祉的な意味を持っている．

4 発展途上国への貢献

　これまで国際社会保障の中心的な役割を果たしてきた国際機関の社会保障政策は，誰に貢献するものだったのか．ILOに関する第9章でも論じてきたように，世界の国々に社会保障を普及させようというその使命にもかかわらず，実際には発展途上国に対しては，必ずしも有効な影響力を及ぼしていないと批判されてきた．

　一つの事例をとりあげたい．1997年にアジアにおける金融危機が勃発した．それまでの長期にわたる奇跡的な経済成長が一転して信じられないような経済情勢に陥った．失業者が溢れ，実質賃金水準が急落し，物不足が深刻化し，貧困が増し，政治不安にまで達した．この時，金融危機の影響が何故かくのごときドラスチックになったのか，いろいろな要因が議論された．

　その際，共通して指摘されたことは，金融危機に直面した国々は等しく社会保障が不備であった事実であった．たとえば，失業保険については，インドネシア，マレーシア，タイ，フィリピン等の国々で導入されていなかった．僅かに韓国のみが失業保険を有していたが，まだ導入間もないこともあって失業者の14％しか受給できなかったと言われる．失業者は即座に明日のパンがなくなった．

　ILOの社会保障政策は，これまでアジアの発展途上国に対しては，何も行っ

てこなかったことを痛感させられた。これまでのILOの政策決定の基本は政労使の三者構成における交渉であった。ところが，発展途上国の中には未だに結社の自由すら認められていない国々もあるし，労働組合もほとんど機能していない国々も多い。零細・中小企業の多い国にあっては，使用者団体すら組織化されていない場合も少なくない。このような環境においては，ILOの本来の行動がとりにくいと言えよう。

こういった批判が近年に繰り返されていた。ILOもこれを察知して，新たなプログラムを開始したところであり，今後が大いに期待される。特に，インフォーマル・セクターへの社会保障の適用拡大が大きな課題とされている。多くの発展途上国においては，たとえ社会保障制度があっても，ごく一部の階層しか適用されていない実態がある。この問題は先進諸国においても成り立つ。就業形態の多様化や社会保障の強制適用の拒否によって，社会保障が適用されない層が先進国でも拡大してきている。

発展途上国において，より重要なことはやはり貧困問題である。ILOや先進諸国が発展途上国の貧困問題解決のために何ができるか，それ自体が「国際社会保障論」の重要なテーマと言えよう。社会保障がまだほとんど導入されていない国々，あるいは，非常に限定的にしか導入されていない国々については，研究する必要性が少ないのであろうか。何故，社会保障が導入されないのか。その阻害要因は何か。どのような社会が社会保障を必要とするのか。どのような条件が整えば，社会保障が確立されるのか。これらの問いは，社会保障とは何か，その基本的な理解に関わってくる。先進の事例ばかり見ていても，こうした問いには答えられないであろう。

5 世界経済への貢献

社会保障は，言うまでもなく所得再分配のメカニズムであり，豊かな者から貧しい者への所得の移転を伴う。地球規模で言えば，それは，豊かな先進諸国

から貧しい発展途上国への所得の移転を意味する．それでは，国際社会保障論は，発展途上国に一方的に利益提供し，先進諸国にとっては何の利益もないと考えるべきか．

　世界経済のグローバル化を考えると，答えは否である．現在のいかなる国においても世界なしには国民経済も成り立たなくなっている．外国との関係を遮断したら，ほとんどの国々では社会が存立すら危ぶまれるだろう．発展途上国の未開の奥地に居住し，自給自足しているような数少ない部族のみが，世界なしにも生き長らえることができるかもしれない．

　多数勢力である発展途上国が存立の危機に至れば，先進諸国も危機に陥ることは間違いない．何故なら，発展途上国があるからこそ先進諸国の繁栄が支えられているのである．経済学者の中には，先進諸国が発展途上国から搾取していると捉える人もいる．搾取される人がいなくなったら，もう搾取はできなくなる．だが，状況はもはや違っているように思われる．

　多少似た関係にあるのが，使用者と労働者の関係であろう．両者は利害関係が対立する場面が多い．労働者が賃金を増加させれば，経営は苦しくなる関係にある．使用者は労務コストを削減することが使命である．だが，両者はパートナーでもある．同じ企業の運命共同体である．また，経営者も実は雇われ労働者と同様の立場も共有しているとも言える．

　先進国と発展途上国の関係は，上下関係でもなく，支配・被支配関係でもない．同じ地球のパートナーである．いずれか一方のみが繁栄して，他方が滅ぶといった関係にはない．やはり，運命共同体である．先進国から援助を受けながらも，先進国の経済を支えているのが発展途上国である．

　発展途上国は，先進諸国に資源を提供し，安い労働力を提供し，先進諸国の産業に貢献し，他方で先進諸国の商品を購入もしている．正に，発展途上国があるがために先進諸国の繁栄が可能となっている．その繁栄の成果の一部を発展途上国に還元する意味でも，国際協力援助をすることは当然のこととも言えよう．それがまた先進国の長期にわたる安定を保障するものでもある．

参考文献

［1］広井良典・駒村康平編『アジアの社会保障』東京大学出版会，2003年
［2］大沢真理編『アジア諸国の福祉戦略』ミネルヴァ書房，2004年

第12章　総括と展望

1 ｜ 総括：国際社会保障論の必要性

ドメスチックな研究の限界

　社会保障とは，本来非常に国内的な性格を持って発展してきた．つまり，貧困や階級構造，所得格差，社会問題等の状況は国によって異なり，その対応策の一つである社会保障も自ずと国によって異なるのである．逆に言えば，国際化の最も遅れた領域の一つが社会保障である．

　研究においては，社会保障はもともとイギリスやドイツの社会保障の紹介という形で日本でも始められたため，もともと国際的であったとも言えよう．だが，その後の多くの外国研究も実は特定国の社会保障という形で紹介されてきた．つまり，外国の研究ではあるが，当該国の国内的な社会保障の研究という段階である．

　最近，日本でも社会保障の国際比較が活発になってきた．ところが，よく見てみると，多くのその種の研究も各国研究の寄せ集めである場合が多い．各国の専門家の共同執筆という形で一つの著作となる場合が多い．国別に紹介された各国の社会保障について，どこが違うのか，何故違うのか，どう評価したら良いのか，言及が不足しているように思われる．

　社会保障の研究者側を見ても，国別，あるいは，制度別，方法論別，時代別等に守備範囲がきれいに分割されている．専門化の進展に応じて，こうした研究者間の分業も当然のことかもしれないが，広く全体を見渡す視点も忘れてはならないはずだ．しかも，敢えて言えば，その研究者間の分業も非常に偏っているように思われてならない．たとえば，イギリスやアメリカの研究者が多い

のは如何に説明されるのであろうか.

多くの社会保障論のテキストでは,「世界の社会保障」と題する章が,延々とイギリス社会保障を論じているものもある. ドイツやアメリカの状況がわずかに付け加えられているものもある. これらの国だけで「世界」を代表されては困ると考える. これらの国々のみが取り上げられる積極的な意味があるのであろうか, あれば, その意味付けを論じなければならないはずである.

日本の政策立案においては, いまだ諸外国の事例が非常に重要視されている. ところが, 日本の外国研究が国別に分断されていることから, 各国の制度の評価ができなくなる. イギリスの専門家はイギリスを賛美し, ドイツの専門家はドイツを賛美するのが普通である. 専門家は通常, 良いものを研究しているつもりであり, 悪いものは軽視しがちである. 一つのものを評価するためには, 他のものと比べる必要がある. 一つのものしか見なければ客観的な評価ができないはずである. 国を横断するようなクロス・ナショナルな分析をしなければ, 一国の正当な評価は下せないように思われる.

国際機関の社会保障政策

「国際社会保障」という研究は, 少ないながらもかなり前から進められてきた. だが, そのほとんどは国際機関による社会保障政策を意味していた. 実際には, その中心は ILO 研究であった. ILO は世界中の国々を対象にして, 社会保障の普及, 進展に努力しており, その活動は正に「国際社会保障」と呼ぶのに相応しいであろう. だが, 「国際社会保障」には, 他にも多くの側面が含まれると考えられる.

国際機関による社会保障政策に関して, 疑問も寄せられている. 長年, 世界中の国々への社会保障の普及を目的としてきた ILO であるが, それでは, どれくらい成果があったと言えるのか. 社会保障は世界中にどれだけ普及したのか. 社会保障の最低基準に関する ILO 条約 102 号にしても, 批准している国の多くは先進諸国である. 先進国は ILO の政策如何にかかわらず社会保障が

もともと整備されている国々である．また，批准国は最近ではほとんど増えていない．アジアでは，依然として僅かに日本だけが批准国である．批准できない多数の国々，社会保障が普及されない多くの国々に対してILOはどのような貢献ができるか．

また，ILOの政策自体が欧州の価値観に基づいており，発展途上国に適当かどうか疑問もある．ILOはもともと労働者保護のための組織であり，社会保障も労働者保護政策の一環として構築されてきた．具体的に言えば，職域主義に根ざしたビスマルク・モデルをILOは信奉していると言われる．工業化が遅れた国々，農業国家，賃金労働者よりも零細家内労働者や独立自営業者が圧倒的多数を占めるような発展途上国にビスマルク・モデルは有効ではないとの主張もある．

また，社会保障の対象は労働者に限らない．特に，社会福祉の対象は病人，障害者，老人，児童等の労働者以外の人々である．こうした特定福祉対象者から見れば，労働者は既に恵まれている人たちと言える．社会保障の目的の一つは最低生活保障であるが，労働者は既に最低生活水準より高い最低賃金が保障されているし，賃金も労使交渉によって引き上げることができる．他方，福祉対象者は彼らの利益を交渉する機会も提供されていない．労働組合もILOも直接は福祉対象者の利益を代弁するものではない．

ILO以外の国際機関による社会保障政策としては，欧州評議会（Council of Europe）や欧州連合（EU）等が挙げられる．ただし，両者はあくまで欧州の加盟国に適用対象を限定しており，その域内での各国社会保障制度の調整を進めてきた．それ自体，非常に画期的で興味深いものであるが，やはり欧州の組織であり，他の地域からすれば非常に排他的な政策となる．

また，世界中の国を対象とする国際組織としても，WHOやUNICEF等がそれぞれの分野であるが，福祉に関係する政策を展開している．さらに，世界銀行やOECD，WTO等の経済的な機関までが発展途上国の社会問題を解決するために行動を開始している．公的な機関に限らず，各種私的な任意団体も国

際協力事業に熱心になってきた．ILOにとっては，各種他機関との連携をはかりつつ独自の行動を展開しなければならなくなった．

見逃されていた側面

　世界中には，長年のILOの活動にもかかわらず社会保障がまだ導入されていない国々がたくさんある．正確には，社会保障が機能している国々が少ないと言うべきかもしれない．こうした多数の主として発展途上国については，分析対象とされないで良いのであろうか．最近，アジア諸国をはじめ，徐々に社会保障の紹介が出てきているが，まだ，不十分である．

　発展途上国だけではない．ロシアや東欧諸国をはじめ旧社会主義国の社会保障についても，日本ではほとんど研究がない．中国や北朝鮮の現在の共産主義諸国についても同様である．資本主義諸国にあっても，小国についてはほとんどまとまった研究がない．逆に言えば，日本で研究されているのは，ごく一部の先進諸国の事例に偏っている．

　言語の問題も大きいと思われる．世界的に通用する言語以外の少数派言語を母国語とする国の研究は，日本に限らず積極的に展開できないのが一般的である．その国の研究者が国際語に紹介する努力をしていない国に関しては，研究の糸口もない．小さな糸口から新たな国の状況を研究しようとすると，たちどころに厳しい評価が下されるときもある．

　たとえば，ギリシャの社会保障について，僅かな英語や仏語文献から紹介論文を書けば，「オリジナルの（ギリシャ語）文献にあたっていない」とすぐにも批判される．アルファベットを使わないこの国の言語をマスターしないと，ギリシャの紹介をする資格がないのだとすれば，一生かかっても国際比較研究には到達できそうもない．

　もう一つ，見逃されていた大きな側面がある．それは，各国間の相互関係である．各国は自治の下に独自の社会保障を持っているが，それ自体が諸外国の影響を大きく受けて発展してきている．この事実を軽視すべきではない．社会

保障の国際比較が各国別の研究として行われがちであることを指摘した．スポーツでたとえれば，国別比較は選手の個人的な分析に相当する．だが，チーム力は個人の力の足し算ではない．別の分析が必要となる．1人と1人の組み合わせが，長所を活かせば2.5人分となったり，短所が重なれば1.5人分となったりするのである．まさに，個々のアクターの相互作用が非常に重要なものとなるのである．

たとえば，日本が社会保障を導入した時にも，常に外国の影響があったと言える．第二次世界大戦後は，アメリカ占領軍に社会保障の導入を求められた経緯があった．それ以外の時でも，常に外国の社会保障が参考とされてきた．また，日本の社会保障はアジア諸国にあっては先駆的でもあり，近隣諸国に大きな影響を及ぼしていることも事実であろう．世界的なレベルでの交流が活発化するにつれて，各国の社会保障制度も大きく影響しあっている．

世界中の多くの国々が，特に近年には，ほぼ同様の社会現象に遭遇している．経済不況も世界同時不況などと言われているし，高齢化も程度の差こそあれ同様の傾向を持っている．社会保障制度に関しても，細部は違っても大きく見れば同じ路線に沿って改革されているとも言えよう．ある国の社会保障は近隣諸国の影響を受けると同時に，逆に近隣諸国に影響も及ぼしている．

世界単位での所得再分配

以上のような問題意識に立って提唱したいのは，世界を一つの舞台として社会保障を論じることである．特定国，特定地域だけが強調されることなく，世界単位で社会保障を扱うことである．つまり，これまであまり関心を向けてこられなかった国々の研究をもっと活発にすることを強調したい．特に，発展途上国の社会保障について，どの程度，どのように，社会保障が制度化されているのか，まず明らかにされなければならない．

また，世界レベルに見て，社会保障の普及状況はどのように把握できるのか．地域ごとの特性があるのか，あるいは，経済水準とか文化水準，階級構造，産

業構造等によって分類されうるのか．既に先進諸国間においては展開されてきている研究をより広い範囲で考察してみることも意義があると思われる．

　社会保障が所得再分配のメカニズムであり，富む者から貧しい者への所得の移転であるとすれば，そのメカニズムを一国内で完結してしまうのではなく，世界を一つの舞台として展開できないであろうか．つまり，豊かな国の富んだ者から貧しい国の貧民への所得の移転を恒常的に実現する方法はないのであろうか．国際社会福祉論が探求しているものが，先進国から発展途上国への様々な援助であり，このメカニズムの一つであることは言うまでもない．

　社会保険を中心とする社会保障制度においても，国際化への対応が進めばこの国際的な富の再分配に貢献できることになろう．発展途上国から先進国に就労に行って，当地の各種社会保障給付を受ければそれは母国にも部分的に流れていくことになる．たとえば，本国にいる児童を対象に先進国の家族給付が適用されれば，間違いなく先進国から発展途上国への富の移転に至る．老後に母国に帰国して先進国での就労に基づいた年金を受給すれば，やはり，母国にとっては非常に高額の所得に相当するであろう．

　EUの社会保障政策の中心は，域内における人の移動を阻害することのないように各国社会保障制度間の「整合化」を規定することにある．問題は残されているが，かなりの程度整備されてきている．こうした行動が欧州だけでなく世界的に展開されれば，人の国際移動はますます活発化することになる．そして，人の国際的な移動が活発化すれば，社会保障を介してますます先進国の富が発展途上国に移転することになる．社会保障には著しい南北格差があるのは事実である．人が国際的に移動すれば，結局は北の福祉が南にも提供される機会を増やすことになる．

　これまでのように先進福祉国家だけを対象に研究を続けるのではなく，社会保障の遅れている国々と社会保障との関係を分析することは，社会保障研究にとっても有益なことであり，裾野を広げることができよう．たとえば，社会保障を必要とする社会的条件を明らかにすることができよう．社会保障のニーズ

の分析，そして，社会保障を実現させていく手段の分析が展開されよう．多くの国々の事例を積み重ねることで，多様な局面に応じた社会保障の機能を抽出することが可能となるように思える．

「国際社会保障論」の提唱

社会保障論の目的は，国民あるいは居住者の最低所得の保障と喪失所得の保障である．ならば，「国際社会保障論」の目的は，世界中の人々の最低生活保障と喪失所得の保障にあると言えよう．社会保障論では社会保険が大きなウェイトを占めるが，「国際社会保障論」では最低所得保障が大事になる．

「国際社会保障論」として提起したいのは，二つの側面である．第一は，前述のとおり，世界中を一つの対象と捉え，偏りなく世界中の国々における社会保障を全体として理解し，評価する側面である．第二は，社会保障における各国間の相互関係の側面である．両者はまったく異なる次元であり，これまでの「国際社会保障」の研究では，あまり検討されてこなかった側面である．

社会保障を実際に施行しているのは，紛れもなく各国政府である．社会保障の導入とその運営は100％各国政府の自治下にある．制度を持たなくとも，また，制度をどのように運営しても，これらは基本的には当該国の国内問題であって，国際的に非難される筋合いのものではない．各国が国際条約に調印することで，はじめて何らかの拘束力がかかるのであるが，調印するか，しないかは各国の自由である．ILOもEUもその他の国際機関も，それ自体が独自の社会保障制度を有しているわけではない．国家以外のいかなる組織も独自の社会保障を所持していないことを忘れてはならない．

国際社会の影響を受けて，各国の社会保障制度の運用を一定程度規制することで，そこに「国際社会保障論」の空間が成立するのである．国内制度の弾力的な運用を通じて，国際的なニーズに応じることができるのである．各国が何らかの協定を結び，社会保障における相互の配慮を約束することで，はじめて各国は国際的に拘束されるのである．

最後に，誤解のないよう断っておきたい．各国の事例研究は「国際社会保障論」の研究の前提条件ともなり，必要不可欠のものである．だが，これまでの各国研究は当該国の完結編として，それだけで終わっていた場合が多く，その後の比較分析等に発展して行かなかったように感じられる．「国際社会保障論」は，各国研究が出揃った段階で本格的に始められるものであろう．

世界中の人の権利保障

1948年の国連総会において，世界人権宣言が採択された．地球上のすべての人が自由平等を基本として，財産権，参政権，労働権，教育をうける権利等の様々な社会的・経済的権利を基本的人権として認められた．こうした権利を遵守することが国際社会の課題であるとした．

ただし，この宣言は具体的なプランは何も示していない．美辞麗句ではあるが，この宣言を担保する手段はない．まず，誰が世界中の人の権利を保障するのか，主体が問題となる．国連はその充分な能力を併せ持っていない．各国政府のみが，その潜在能力を有している．国際社会保障論の主張は，先進諸国の社会保障を通じてより多くの発展途上国の国民もその恩恵に与かれるというものである．

労働者の自由移動がより活発化すれば，先進諸国の社会保障の給付が発展途上国に流出していくことになる．しかも，それは国際社会福祉論で言うところの国際協力や慈善活動としてではなく，労働者としての当然の権利として行われるのである．つまり，保険料を支払った代償として，保険給付を受けるだけの行為である．

2 国際社会保障の展望

社会保障の国際的調整の進展

今後の世界経済を展望すれば，やはり，国際化はさらに進展していくことは

明らかである．その結果，ますます多くの労働者が国境を越えて移動していくことになるであろう．労働者の移動が活発になることで，個人のレベルでは想像もつかない，いろいろな状況に直面するであろう．社会保障の二重適用と無適用等の問題がまず想定される．

既に，EUではこうした問題への調整を法制化している．日本においても，こうした話はよく聞かれる．日系企業の海外の工場や事務所で働いた経験のある人は，日本国内では通常どおりに社会保障に拠出しており，通常どおりの年金を受給している．その他に，海外勤務時代に当該国の社会保障の強制適用を受け，その拠出を根拠にした比例年金が受給できることもある．

国によっては年金の最低保障の適用によって，予想外に多額の年金が支給されることもあれば，国によっては条件を満たさずに受給できない場合もあろう．寛大な国に勤務した人はラッキーであり，厳しい国に行っていた人は高い税金や社会拠出にもかかわらず何の給付にもならないことになる．こうした不平等と思われる事態にもかかわらず，これを是正し，国際的な調整を行う法律はない．

各国の社会保障制度はきわめて多様であり複雑である．一国だけを見ても複雑であり，多数の国々の間での調整ともなると気の遠くなるような作業となる．しかも，調整のやり方も異なる次元で，異なる法律が交錯するようになる．二国間の協定や特定地域間の協定は今後も増えていくものと予想されるが，このことは同時に世界的に見れば複雑さを増すことになる．

多様な国際化対応

以上で紹介した社会保障の国際的な調整の議論は，主として先進諸国間での話である．今後は，より広く，発展途上国と先進諸国，あるいは，発展途上国間での議論となっていくであろう．その場合，まず，先進国の社会保障法における外国人の扱いがそれぞれ参考となり，続いて，二国間協定が次の段階で検討されるであろう．

日本も例外ではなく，今後，年金をはじめ他の社会保障制度でも二国間協定が積み上げられて行くであろう．他の国々でも同様な展開があるであろう．そうすると長期的な視野に立つと，長い期間を経て，世界中に多種多様な社会保障関連の協定や条約がたくさん網の目のように整備されるであろう．それは，全体としては，複雑であり，煩雑であり，事務手続も大変なことになるであろう．

発展途上国においても次第に社会保障が整備されていくことだろう．ILOの政策にもあるように，今後は社会保障制度の適用対象の拡大が進められるであろう．また，それ以前から労働者の国際移動は益々活発になるであろう．現在，EUだけで行われているような各国間の社会保障制度の調整が，今後は世界中で行われるようになるであろう．

ソーシャル・ダンピングと社会保障

経済交流の活発化，そして，それに沿って社会保障の国際化が議論されている．こうした議論において，いくつかの懸念を抱かざるをえない．欧州での議論を通じて言えることは，経済競争の活発化によって，社会保障も一つの競争手段として利用されていることである．欧州は世界でも最も社会保障が進んでいるが，EU加盟国間でも社会保障の進展の程度には大きな相違がある．欧州でも南北問題が存在し，スカンジナビア諸国をはじめ福祉に力を入れている国々と最低所得保障制度すらない南ヨーロッパ諸国がある．

税金と並んで社会保障は大きな社会的負担であり，各国の経済競争力に大きく影響を及ぼしてしまう．マーストレヒト条約以降，欧州はますます国境が低くなり経済競争が激化してきている．企業にとって，社会保障拠出は大きなコスト要因となっている．資本の移動の自由がある以上，他の条件を同じとしたら，企業は少しでも社会保障拠出率の低い国に移動していくであろう．

実際にも，こうした企業行動の事例は頻繁に見受けられる．一国を代表するような赤字の国営企業ですら，外国資本への売却を模索している状況である．

他方，社会保障の充実した国々から見れば，社会保障の遅れた国々は組織的に「ソーシャル・ダンピング」をしているという主張にいたる．労働者の生活保障を犠牲にして，製品を安売りしており，自由競争を歪曲させているというのである．

ここで特に懸念されるのは，各国政府が国内の有力企業の国際競争力を保護するために，企業の社会保障負担に関して何らかの優遇措置を講じていることである．しかも，不公正競争の批判を回避するためにきわめて巧みな方法で同じ趣旨の行動をとっていることである．たとえば，特定の社会保障制度の拠出を特定の条件付きで免除している場合がある．これが不公正競争として訴訟問題に発展すると，一度は通常どおり拠出させておいて，後に違う名目で企業の財政支援をしたりする方法が採られた．特に，各国政府は雇用創出や雇用再分配への対策の一環として，社会保障拠出を利用してきている．このようにして，各国政府は苦しい財政の中で必死に国内企業の保護・育成をしている．

ここにおいては，社会保障は完全に競争手段の一つと考えられている．課税政策においては，旧来より各国で多様な優遇税制が施行されてきており，特定企業に対して政府は積極的に育成・保護を行ってきた．今度は社会保障もそうした経済政策の一翼を担うようになってきている．だが，社会保障は税金とは目的が異なる．将来の社会的なリスクへのニーズと国民の負担との間での均衡が問われるものであり，それ以外の要素が入ってくることは制度の基盤を狂わす可能性がある．

多国籍企業は公然と社会的コストの小さな国を求めて移動している．社会保障が経済政策の一環として扱われることは，社会保障にとって大変危険なことと思われる．各国政府がこうした政策をますます増強していく競争に巻き込まれれば，一時的には特定国の特定産業が潤うかもしれないが，長期的に世界的視野で見れば，この競争の恩恵を被る者はいなくなるはずである．加盟国すべてが社会保障の切り下げ競争を演じることとなり，社会保障全体としては後退を加速することになる．広く世界的な意味合いで，社会保障にとって好ましく

ない行動であると思われる．

人の国際移動の促進要因

　社会保障の負担が企業の国際競争力に影響をおよぼすのと並行して，社会保障の給付は労働者にとって一つの大きなインセンティブになる．負担するのは誰も嫌がるが，給付を受けることは誰も望むところである．かつては，国内に雇用機会が少ないため，あるいは，より高い報酬を求めて，労働者は国境を越えて行った．これからは，より良い福祉を求めて労働者が国境を越えて移動するかもしれない．

　欧州では，一部で既に起こっている現象とされている．「社会保障旅行」と呼ばれる．労働している間は社会的な負担は軽い国に住み，老後は福祉の充実した国に住みたいと思うのは人間の心理だろう．逆に，福祉の充実した国に住んでいる人は，同じ高い給付を物価の高い国に住むよりも，物価の低い国で母国の社会保障給付を受けたいと思うであろう．実際に，ドイツの人が入院する病院をスペインに求め，高額の傷病給付を受ける人もいると言われる．

　発展途上国では，また，別の次元になろう．社会保障の恩恵に母国では一切与かってこなかった人にとっては，やはり，先進国での社会保障は魅力となろう．老後を保証してくれる年金や医療や福祉サービス等は，発展途上国からの人達からも支持を受けるであろう．

日本の対応

　日本では，福祉領域でも国際化がしばしば議論されるようになった．まず，外国人の受入れについて，これまで頑なに拒まれてきた．看護師不足からフィリピンなどから看護師の受入れを認めるべきだと，かつてから一部の勢力が訴えてきた．現在は，ホームヘルパーをはじめ社会福祉領域の専門スタッフが揃わない実態から，福祉関連労働者の外国人の受け入れを容認すべきとの主張も日増しに現実味を帯びてきた．他の先進諸国でも，家政婦や掃除婦などの職域

で移民を活用した事例は少なくない．

　最近，話題になっているのは，年金生活者の海外移住である．過去にも，フィリピンやスペインへの試みはあったが，現地に適応しにくい等の理由からあまり評判は良くなかった．しかし，最近は日本国内の高齢者の生活苦から，同じ年金収入で生活水準をグレードアップさせるための方策として魅力が増した．また，日本人シニアを狙った誘致活動も展開されている．広い家で賄いや家事サービス付きで，介護サービスや医療施設も充実した町を国を挙げて建設している発展途上国も少なくない．いろいろな条件が整いつつあり，今回の福祉移住は一過性の流行に留まらないように思われる．

　つまり，福祉人材を日本に受入れる場合と日本の福祉対象者が海外に出ていって福祉サービスを受ける場合と，両面にわたって社会福祉領域の国際化が検討されてきている．このことは，日本人にも貢献するが，同時に相手国や国際社会にも大いに貢献するものと思われる．雇用の機会の拡大につながるし，消費を増やし，外貨獲得にもなる．

社会保障による国際的な不平等

　もう一つの懸念は，多様な社会保障協定の存在が国際的な不平等を創出してしまうのではないかというものである．国際社会保障法の問題以前に，各国の国内法において外国人への社会保障の適用は様々である．ある国では外国の国籍保持者でも当該国への居住のみで社会保障制度の適用を受けられる．他方，ある国では外国人はかなりの期間居住しても当該国の社会保障制度が認められない．たとえば，外国人は納税の義務はあるのに，社会保障の適用は外国人として制限される場合もある．適用条件は国によって違うし，各国内でも制度によって異なるであろう．

　さらに，国際法のレベルまで見ると，問題はさらに深刻さを増す．同じ外国人であっても，出身国によって社会保障の取り扱いが異なることになる．欧州で言えば，EU加盟国出身者であるか，旧植民地出身者であるか，それ以外の

二国間協定のある国の出身者であるか，EU加盟国ではないが欧州評議会構成国出身者であるか，それとも，それ以外の何の協定もない国の出身者であるかによって，同じ国の同じ企業で働く外国人との間で社会保障の適用内容が著しく異なることになる．こうした事態が今後，世界的にも増えて行くと予想される．外国人への不平等待遇になるのではないか．これまで，内外人の平等待遇が取り上げられてきたが，今後は外国人相互の平等待遇の問題が社会保障を舞台に取りざたされるであろう．

　国家間のレベルでも，外国人に寛大な国と厳しい国との間の軋轢が増すと予想される．人道的見地からすれば，外国人へも社会保障の恩恵に帰することが望ましいことは言うまでもない．ところが，こうした寛大な国は外国人の流入によって大きな財政的な負担を強いられる．つまり，国際競争上では不利な立場となる．他方，外国人に対して差別的な措置を取る国は，それ自体何も国際的な非難を浴びることなしに，経済的な競争上有利な立場となる．社会保障を通じて，各国間の不平等を生起していると言える．つまり，より人道主義的な措置をとる国ほど，経済競争においては不利益を被ることになる．

　先ほど，資本は社会保障負担の少ない国に向かって移動することを指摘したが，ここでは，人は逆に社会保障の手厚い国に向かって移動していくことになる．前述の「社会保障旅行」と呼ばれる現象である．こうした事態は本来の社会保障の目的からすれば好ましくないものであろう．社会保障とは，言ってみれば，何らかのリスクに陥った人への救済であったはずである．ここに至っては，人間の行動の規定要因となっている．社会保障を目的に人間が行動することになる．社会保障が意図している本来の姿からますます乖離しているのではなかろうか．

　人間は大きな社会保障を目指して移動し，資本はより小さな社会保障に向かって移動していく．この構図に従えば，外国人に寛大な国ほど競争上は不利な立場に追い込まれ，外国人に厳しい国ほど有利に国際競争が展開していける．もちろん，競争には他にも多くの要素があり，その他の要因を所与とした議論

に終始するものである．社会保障はこれまで聖域とされ，拡大の一途を辿ってきたため，競争上も大きな要素となってしまったのは事実であろう．単純に予想されることは，社会保障の世界的な規模での後退をもたらすのではないかというものである．

参考文献
[１] 岡伸一「国際社会保障論の構築」法研『週刊社会保障』No.2097, 2000年

関連初出論文 (翻訳含む)

[1] 『外国人労働者の受入れ政策：欧米諸国の現状と我が国の課題』中村圭介他4人と共著，労働省編，(社) 雇用問題研究会発行，1989年，194頁
[2] アダムス，L. H. J. と共著「EC 統合と社会保障」大分大学『経済論集』第42巻・第5号，1991年，131-149頁
[3] 「1993年以降の EC 社会保障のシナリオ」労働省大臣官房国際労働課『海外労働情報月報』1991年1月号，10-24頁
[4] 「EC 統合における社会保障関連領域」社会保障研究所『海外社会保障情報』1992年，No. 98，25-32頁
[5] 翻訳，ヴァン・ランゲンドンク J. 著「1992年欧州統合と社会保障」社会保障研究所『海外社会保障情報』1992年，No. 98，1-17頁
[6] 「EC 社会保障政策の現段階」社会保障研究所『季刊社会保障研究』1992年夏号，Vol. 28，No. 2，1992年，134-142頁
[7] 翻訳，デレーク H. 著「EC 社会保障収斂化説：欧州最低所得保証制度の提案」社会保障研究所『海外社会保障情報』No. 103，1993年，31-49頁
[8] 「補足給付制度の発展と社会保険の民営化：EC 諸国の事例から」日本保険学会『保険学雑誌』第544号，1994年，1-18頁
[9] 「EC 統合と補足給付制度の発展」(社) 信託協会『信託研究奨励金論文集』第15号，1994年，119-130頁
[10] 翻訳，ヴァン・ランゲンドンク J. 著「社会保障の発展における国際機関の役割：新時代の社会保障をめざして」『海外社会保障情報』No. 112，1995年，19-29頁
[11] 「労働者の国際移動と社会保障の調整」永山武夫先生古希記念論文集編集委員会編『国際化と労働問題』前野書店，1996年，15-25頁
[12] 「先進国における不平等の拡大」庄司洋子・杉村宏・藤村正之編著，これからの社会福祉シリーズ第2巻『貧困・不平等と社会福祉』有斐閣，1997年，39-49頁
[13] 「福祉国家の国際比較」田中浩編『現代世界と福祉国家』御茶の水書房，1997年，77-89頁
[14] 「EU における補足給付制度の国際的調整：社会保障と民間保険の狭間で」『人

文・社会科学論集』（東洋英和女学院大学）第13号，1998年，69-86頁
- [15] 「社会保障の国際化への懸念」『週刊社会保障』，No.1990，1998年6月1日号，22-25頁
- [16] 「社会保障の国際化」仲村優一・一番ヶ瀬康子編『世界の社会福祉⑤フランス・イタリア』旬報社，1999年，166-174頁
- [17] 「EUにおける高齢者政策と加盟国の状況：年金制度と失業給付を中心にして」（財）高年齢者雇用開発協会編『定年退職者等の就業と生活実態に関する調査研究報告書』平成11年，21-35頁
- [18] 「ILOの新たな社会保障政策：危機からの挑戦」労働大臣官房国債労働課『海外労働情勢月報』1999年，2・3・4・5月号，31-43頁
- [19] 「医療保障制度の国際化」『週刊社会保障』Vol.53，法研 No.2044，1999年，7月5日号，22-25頁
- [20] 『欧州統合と社会保障：労働者の国際移動と社会保障の調整』ミネルヴァ書房，1999年，全419頁
- [21] 翻訳「ヴァン・ランゲンドンク著，社会保障と欧州統合」『海外社会保障研究』No.128，1999年，pp.3-14
- [22] 「EUの医療保障政策」『海外社会保障研究』No.128，1999年，pp.52-61
- [23] 「EUにおける失業保険制度の『整合化』」日本保険学会『保険学雑誌』第567号，1999年，1-16頁
- [24] 「アジア金融危機とILO」日本ILO協会『世界の労働』第50巻，第7号，2000年，7月号，2-18頁
- [25] 「国際社会保障論の構築」『週刊社会保障』2000年7月31日号，Vol.54，No.2097，24-27頁
- [26] 「国際社会保障論の構築をめざして：研究の必要性と課題」東洋英和女学院大学『人文・社会科学論集』第18号，2001年，1-20頁
- [27] 「地域連合（EU）」仲村優一・阿部志朗・一番ヶ瀬康子『世界の社会福祉年鑑2001』旬報社，2001年，所収，515-528頁
- [28] 「社会保障と社会福祉の現状と国際比較」日野原重明・井村裕夫監修『看護のための最新医学講座第35巻医療と社会』中山書店，2002年，235-249頁
- [29] 「国内の共生から国際的な共生へ：国際社会福祉論の視点から」連携授業プロジェクト『共生を多角的に考える』東洋英和女学院大学，2003年
- [30] 「EUの高齢者雇用政策」『諸外国における高齢者の就業形態の実情に関する調査研究報告書Ⅰ』（共著）（財）高年齢者雇用開発協会，2003年，169-186頁
- [31] 「ILO」仲村優一・阿部志朗・一番ヶ瀬康子『世界の社会福祉年鑑2004』旬報

社，2004年
[32]「社会福祉・社会保障の国際基準」『社会保障・社会福祉事典』旬報社，2004年

参考文献

[1] Guy Perrin, Les fondements du droit international de la sécurité sociale, *Droit Social*, N°12, 1974, p. 480.
[2] Guy Perrin, La sécurité sociale au passé et au présent, *Revue Française des Affaires Sociales*, N°1, 1979.
[3] ILO, *The ILO in the service of social progress*, Geneve, 1969.
[4] ILO, *Approaches to the Social Security*, Geneve, 1942. 社会保障研究所編訳『ILO 社会保障への途』1972 年.
[5] David A. Morse, *The Origin and Evolution of the ILO and its Role in the World Community*, New York, 1969.
[6] Wilfred Jenks, *Social Policy in a Changing World*, Geneva, 1976.
[7] Gerald M. J. Veldkamp, A New Dimension for International Co-operation in Social Security, *International Labour Review*, August 1969.
[8] 平田富太郎『社会保障研究』日本評論社, 1957 年
[9] 伊部英夫『社会計画』至誠堂, 1964 年
[10] 高橋武『国際社会保障法の研究』至誠堂, 1968 年
[11] 平石長久他『欧米の社会保障』東洋経済新報社, 1976 年
[12] 有泉亨監修『ヨーロッパの社会保障法』東洋経済新報社, 1977 年
[13] P. R. ケーム・コードル著, 安積鋭二他訳『社会保障の国際比較』誠信書房, 1981 年
[14] 足立正樹・樫原朗編『各国の社会保障』法律文化社, 1983 年
[15] 佐藤進『国際化と国際労働・福祉の課題』勁草書房, 1996 年
[16] 埋橋孝文『現代福祉国家の国際比較』日本評論社, 1997 年
[17] 田中浩編『現代世界と福祉国家』御茶の水書房, 1997 年
[18] 酒井英幸『国際化時代の社会保障』勁草書房, 1998 年
[19] 高藤昭『外国人と社会保障法』明石書店, 2001 年
[20] 平田隆夫「ヨーロッパ評議会の社会法典」『国際社会保障研究』5 号, 1971 年
[21] 石本忠義「国際社会保障論」『国際社会保障研究』24 号, 1979 年
[22] 上村政彦「EC の社会保障政策」『国際社会保障研究』30 号, 1982 年
[23] 後藤勝喜「外国人と社会保障・ILO 均等待遇条約の意義とその法理」『季刊労働法』153 号, 1989 年
[24] 樋口富雄「社会保障法と国際労働基準」秋田成就編『国際労働基準とわが国の社会法』日本評論社, 1987 年

著者略歴

岡　伸一（おか　しんいち）

現　在　明治学院大学社会学部社会福祉学科教授
専　門　社会保障論

1957年　埼玉県生まれ
1980年　立教大学経済学部卒業
1983年　早稲田大学大学院商学研究科修士課程修了
1984年　ベルギー政府留学生としてルーヴァン大学欧州社会保障研究所研究員
1986年　ルーヴァン大学法学博士号（Ph.D）取得
1988年　早稲田大学大学院商学研究科博士課程単位取得退学
1988年　大分大学経済学部助教授
1990年　日本学術振興会派遣研究員としてルーヴァン大学客員研究員（1年2ヵ月）
1992年　ルーヴァン大学招聘客員研究員（1年間）
1996年　早稲田大学商学博士号取得，大分大学経済学部教授昇任
1997年　東洋英和女学院大学人間科学部人間福祉学科教授
2002年　明治学院大学社会学部社会福祉学科教授
　　　　現在に至る

著　書　『ベルギーの労働事情』日本労働研究機構，1991年
　　　　"Social Security Law : Japan", Kluwer, 1995.
　　　　『欧州統合と社会保障』ミネルヴァ書房，1999年
　　　　『社会保障ハンドブック』学文社，2003年
　　　　『失業保障制度の国際比較』学文社，2004年

―――― 国際社会保障論 ――――

2005年2月15日　第一版第一刷発行

著　者　岡　　伸　一
発行所　㈱学　文　社
発行者　田　中　千津子
東京都目黒区下目黒3-6-1　〒153-0064
電話 03(3715)1501　振替 00130-9-98842

落丁・乱丁本は，本社でお取替え致します。印刷／株式会社亨有堂印刷所
定価は売上カード，カバーに表示してあります。http://www.gakubunsha.com

© 2005 OKA Shinichi Printed in Japan　　　　ISBN4-7620-1381-1